U0880270

新时代劳动教育读本

梁　辉　刘良军　钟国文　主　编
李　毅　潘瑞甲　庞汉彬　副主编

電子工業出版社
Publishing House of Electronics Industry
北京・BEIJING

内 容 简 介

本书是为落实中共中央、国务院《关于全面加强新时代大中小学劳动教育的意见》和教育部《大中小学劳动教育指导纲要（试行）》的精神而编写的。

本书由劳动与劳动教育、劳模与劳模精神、工匠与工匠精神、职业与职业教育、创新创业教育 5 个项目构成，其中包括 15 个任务、15 个致敬劳模及 15 个对话工匠。本书重点在于“知行合一”，引导学生亲历劳动过程，体验劳动艰辛，在劳动中学习，在劳动中出力流汗、磨炼意志，培养正确的劳动观和良好的劳动品质，并升华思想境界。使学生懂劳动之义、明劳动之理，在活动过程中认识、体验、感受、反思，从而实现“自我劳动、自我教育、自我管理、自我提升”的目的。本书内容具有较强的可操作性。

本书适用于职业院校学生与教师使用。

图书在版编目（CIP）数据

新时代劳动教育读本 / 梁辉，刘良军，钟国文主编. —北京：电子工业出版社，2020.11

ISBN 978-7-121-39931-2

Ⅰ. ①新… Ⅱ. ①梁… ②刘… ③钟… Ⅲ. ①劳动教育—职业教育—教材 Ⅳ. ①G40-015

中国版本图书馆 CIP 数据核字（2020）第 221291 号

责任编辑：关雅莉　　文字编辑：陈思淇
印　　刷：中煤（北京）印务有限公司
装　　订：中煤（北京）印务有限公司
出版发行：电子工业出版社
　　　　　北京市海淀区万寿路 173 信箱　邮编　100036
开　　本：787×1 092　1/16　印张：8.25　字数：211.2 千字
版　　次：2020 年 11 月第 1 版
印　　次：2025 年 2 月第 14 次印刷
定　　价：38.50 元

凡所购买电子工业出版社图书有缺损问题，请向购买书店调换。若书店售缺，请与本社发行部联系，联系及邮购电话：（010）88254888，88258888。

质量投诉请发邮件至 zlts@phei.com.cn，盗版侵权举报请发邮件至 dbqq@phei.com.cn。

本书咨询联系方式：（010）88254598，syx@phei.com.cn。

前　言

2018 年，习近平总书记在全国教育大会上提出：“要在学生中弘扬劳动精神，教育引导学生崇尚劳动、尊重劳动，懂得劳动最光荣、劳动最崇高、劳动最伟大、劳动最美丽的道理，长大后能够辛勤劳动、诚实劳动、创造性劳动。”2020 年，中共中央、国务院印发《关于全面加强新时代大中小学劳动教育的意见》，对新时代劳动教育做出顶层设计和全面部署。随后，教育部印发《大中小学劳动教育指导纲要（试行）》，面向学校，针对劳动教育是什么、教什么、怎么教等问题，进行了细化的专业指导。

本书分为 5 个项目，共计 15 个任务，通过项目劳动与劳动教育、劳模与劳模精神、工匠与工匠精神、职业与职业教育、创新创业教育，结合情境、学习探究、致敬劳模、对话工匠、实践活动、任务评价，诠释了劳动教育理论与实践。本书编者考察了职业学校的实际情况，较广泛地听取了职业教育工作者的建议，以适用为原则进行编写。本书结合职业学校教学、生活实际，科学合理地选取内容，切实做到以学生为中心。在理论启发上切实考量学生已有的知识技能及本身具有的生活经验；活动设计操作性强，具有普适性与实效性。

本书由梁辉、刘良军、钟国文担任主编，李毅、潘瑞甲、庞汉彬担任副主编，徐飚担任主审。喻宁娜、阴冠雷、韦世友、庞基赛、洪蓉、黄梨锦、梧雨璇、陶恩巧、叶燕、李玉梅、冯文洁参与了本书的编写工作，刘红在审稿过程中给予了大力的支持，后宗瑶博士在编辑过程中配合修改，在此一并致谢。

由于编者的编写经验不足、写作水平有限，本书还存在许多欠缺之处，希望读者多提宝贵意见，在此表示衷心的感谢！

目 录

项目一　劳动与劳动教育

任务一　劳动概述

学习目标

1．了解劳动的内涵。

2．理解劳动的价值和意义。

3．形成正确的劳动观和热爱劳动的思想感情。

情境一　*观看纪录片《劳动铸就中国梦》*

《劳动铸就中国梦》共6集，用“劳动改变命运”“劳动创造财富”“劳动点亮智慧”“劳动提升品质”“劳动缔造幸福”“劳动彰显国魂”的脉络阐释“劳动”。影片选取时代典型人物，用讲故事的方式，生动描绘伟大的中国人民投身改革开放和社会主义现代化建设的辉煌历程。以宽广的视野和生动的事例，形象地诠释劳动、展示劳动、赞美劳动，唱出了一曲新时代的劳动之歌。

情境二　观看节目《人物·故事》：《高铁工匠·张雪松》

在十余年的从业生涯中，张雪松从一个技校毕业的学生成长为多个领域的技术专家。而他的起点只是中车唐山机车车辆有限公司的一名普通的钳工。其十余年的从业史，也是坚持不懈的奋斗史。他在努力放飞自己的技术梦的同时，也在探索中国高铁走出国门、走向世界的创造梦。

情境三　观看视频《劳动最光荣　奋斗最幸福　90后航天人：我们为梦想而生》

2020 年第 24 届“中国青年五四奖章集体”名单中，哈尔滨工业大学紫丁香学生微纳卫星团队引人注目。这是一支 90 后航天团队，全队平均年龄 24 岁，最小的只有 20 岁。虽然年轻，但他们已经参与研制发射了多颗卫星，其中就包括世界上首个独立完成地月转移、近月制动、环月飞行的微卫星“龙江二号”。

学习探究

劳动概述	
学习内容	思考与探究
劳动是人们改变劳动对象，使之适合自己需要的有目的的活动。即劳动力的支出或使用。①	
劳动是人类特有的基本的社会实践活动。人类凭借工具改造自然物，使之适合自己需要，同时改造人自身的有目的的活动。②	
劳动是整个人类生活的第一个基本条件，而且达到这样的程度，以致我们在某种意义上不得不说：劳动创造了人本身。③	
在构想未来理想社会建立时，马克思提出三个重要条件：人们奴隶般地服从分工的消失；脑力劳动与体力劳动对立的消失；劳动不再仅仅是谋生的手段，而成为生活的第一需要。④	

①《大辞海·经济卷》，上海辞书出版社。

② 冯契，《哲学大词典·马克思主义哲学卷》，中国人民大学出版社。

③《马克思恩格斯全集》，人民出版社。

④ 支振锋，《以辛勤劳动创造更加美好未来》，《求是》杂志。

劳动概述

学习内容	思考与探究
劳动是人类的本质活动，劳动光荣、创造伟大是对人类文明进步规律的重要诠释。“民生在勤，勤则不匮。”中华民族是勤于劳动、善于创造的民族。正是因为劳动创造，我们拥有了历史的辉煌；也正是因为劳动创造，我们拥有了今天的成就。①	
劳动是整个人类生活的第一个基本条件，而且达到这样的程度，以致我们在某种意义上不得不说：劳动创造了人本身。 劳动是社会历史的起点。劳动创造了人，劳动推动了人类社会的产生和发展。②	
我们要正确对待劳动，尊重劳动，热爱劳动。要坚信世界上一切幸福生活都是由劳动创造的，不劳而获者人人唾弃，辛苦劳动者人人敬重。	

① 2015 年 4 月 28 日，习近平在庆祝“五一”国际劳动节暨表彰全国劳动模范和先进工作者大会上的讲话。

② 《马克思恩格斯全集》，人民出版社。

致敬劳模

鹿新弟

鹿新弟，一汽解放大连柴油机有限公司的高级工程师。自1987年参加工作以来，鹿新弟兢兢业业、精益求精，从知之甚少的新人一步步成长为如今的“柴油机调试大王”。工作期间，他先后荣获“全国劳动模范”“全国技术能手”“辽宁省功勋高技能人才”等荣誉称号。

鹿新弟从小就对汽车充满兴趣，经常自己动手研究。他从技工学校毕业后进入一汽解放大连柴油机有限公司工作，就职于产品工程部试验室。刚进入公司的他，只是一名学徒，跟在教师傅身边学习。学徒期间，他认真刻苦、努力钻研，一有时间就进资料室查找、翻阅相关专业资料，不断夯实自身的专业理论基础。此外，他常常缠着师傅们请教自己在操作过程中的疑惑，在不断地请教解惑中，他的实操技能也逐步提高。发动机是汽车的心脏，而燃油系统堪称发动机的核心。常年与柴油机打交道的鹿新弟，彻底摸透了柴油机的门道，独创了一套快速排除柴油机故障的维修法，通过看、听、摸、闻、问五个步骤就能快速、精准地找出柴油机的问题所在。

多年前，鹿新弟供职的公司引进了世界一流产品——道依茨柴油机。对于公司而言，这是一个全新的、技术复杂的设备，所有人都没有任何经验。公司看重鹿新弟过硬的柴油机调试技术，将其调入为新设备专门组建的新生产车间。换车间后，鹿新弟一心扑在工作中，全身心投入到资料查阅中，仅阅读笔记就达几十万字。经过3年的奋斗，他最终建立了“道依茨柴油机试验方法”，自此我国拥有了有自主知识产权的柴油机调试技术，对国内内燃机行业极具指导意义。

进入新世纪，开启新征程。新的时代，鹿新弟也给自己制订了新的计划。已有450项技术创新成果的他，将继续自己的技术创新之路，不断推动我国内燃机行业的技术革新与发展，不断贡献自己的力量。

对话工匠

高凤林

高凤林，中国航天科技集团公司第一研究院特种熔融焊接高级技师，首次月球探测工程突出贡献者。

1980 年，高凤林从第七机械工业部第一研究院 211 厂技工学校毕业，直接进入 211 厂成为一名车间工人。对焊接工作而言，扎实的基本功是最基本的要求。为了磨炼自己的基本功，高凤林连吃饭喝水的时候都不放过练习的机会，用筷子模拟焊接送丝，端起满缸的水来练习手的稳度。此外，他甚至为了观察铁水流动规律，甘冒高温灼伤风险。

机会总是留给有准备的人。高凤林参与了国家首个低温液氢液氧高性能发动机的研制工作。针对新材料在焊接加工时遇到的问题，他翻阅众多技术资料，经过大量试验与分析，最终找准关键所在。通过调整细结晶，加上脉冲技术，成功攻破难关，新型发动机得以成功研制。此后，他参与了一系列重大项目，在其中扮演了重要角色，积极贡献自己的力量。在提升理论知识方面，高凤林撰写了大量专业论文和学术著作，理论与实践相结合，努力让自己成为知识型、技能型、创新型的劳动者。

“我在航天一线干了 38 年，在我看来，工匠精神的核心，就是要做到让人竖大拇指。”高凤林说道。他眼中的工匠精神就是长久地、全心全意地专注于一个领域，精益求精、做到极致。

实践活动

“我劳动，我快乐”主题劳动教育活动

活动内容	进行班级大扫除。
活动目标	1．掌握基本的劳动技能、劳动程序。 2．体会劳动艰辛，培养吃苦耐劳的精神。 3．增强责任感，养成做事认真细致的习惯，形成良好的劳动意识。
活动安全	1．活动前进行广泛的安全教育。 2．了解相关的操作规程。 3．准备劳动安全防护用品。
活动准备	1．进行劳动体验动员。 2．确定劳动内容。 3．与相关部门协调，安排现场指导教师。
活动过程	1．前往劳动体验场地报到。 2．现场指导教师进行安全教育及劳动安排。 3．现场指导教师对劳动过程进行指导、监控。 4．劳动体验结束，现场指导教师总结并进行评价。
活动评价	自 我 评 价：　优秀□　良好□　合格□　不合格□ 组 长 评 价：　优秀□　良好□　合格□　不合格□ 活动方评价：　优秀□　良好□　合格□　不合格□

任务评价

任　　务	完成情况	体会与启发
1．观看纪录片《劳动铸就中国梦》		
2．观看节目《人物·故事》：《高铁工匠·张雪松》		
3．观看视频《劳动最光荣　奋斗最幸福　90后航天人：我们为梦想而生》		
4．致敬劳模		
5．对话工匠		
6．实践活动		

任务二　树立正确的劳动观

学习目标

1. 了解马克思主义劳动观的基本内容。
2. 将马克思主义劳动观的基本内容运用于实际生活、学习。
3. 培养正确的马克思主义劳动观，弘扬马克思主义劳动精神，形成良好劳动品质。

情境一　*观看纪录片《时代楷模》*

《时代楷模》是由中国共产党中央委员会宣传部集中组织宣传全国先进典型人物的纪录片。该纪录片旨在以先进性、代表性、时代性和典型性的先进人物为榜样，引领社会道德风尚，彰显“爱国、敬业、诚信、友善”的价值准则和中华传统美德。

情境二 观看纪录片《筑梦匠心》

纪录片《筑梦匠心》是非遗匠人系列纪录片，通过影像化、故事化的表达，传递匠人之心、非遗之美。从寻常人家，到高堂庙宇，再到深山旷野，古老文明与技艺在各个角落延续和传承。该纪录片带领观众领略一个个独具特色的云南省迪庆州非物质文化遗产，体味一个个云南省迪庆州原汁原味的传统文化场景，情节引人入胜。

情境三 观看中央电视台中文国际频道国史节目《国家记忆》

《国家记忆》是一档国史节目，以“为国家留史，为民族留记，为人物立传”为宗旨，展现党史、国史、军史中的重大历史事件及各领域重大工程建设，揭秘重大决策背后的故事，讲述各时代的代表人物，讲述党的奋斗史、创业史，记录中国特色社会主义探索史、改革开放进程史。

学习探究

树立正确的劳动观

学习内容	思考与探究
一旦人们开始生产自己的生活资料的时候，人本身就开始把自己和动物区别开来。①	
“第一个需要确认的事实就是这些个人的肉体组织以及由此产生的个人对其他自然的关系”。②	
通过实践创造对象世界，改造无机界，人证明自己是有意识的类存在物，就是说是这样一种存在物，它把类看作自己的本质，或者说把自身看作类存在物。③	

① 《马克思恩格斯全集》，人民出版社。

② 同上。

③ 同上。

树立正确的劳动观

学习内容	思考与探究
劳动是一切价值的创造者。只有劳动才赋予已发现的自然产物以一种经济学意义上的价值。[①]	
其实，劳动和自然界在一起才是一切财富的源泉，自然界为劳动提供材料，劳动把材料变为财富。但是劳动的作用还远不止于此。它是一切人类生活的第一个基本条件，而且达到了这样的程度，以致我们在某种意义上不得不说：劳动创造了人本身。[②]	
整个所谓世界历史不外是人通过人的劳动而诞生的过程，是自然界对人来说的生成过程。[③]	

① 《马克思恩格斯全集》，人民出版社。

② 同上。

③ 同上。

树立正确的劳动观

学习内容	思考与探究
个人怎样表现自己的生命，他们自己就是怎样。因此，他们是什么样的，连同他们的生产劳动是一致的，既和他们生产什么一致，又和他们怎样生产一致。①	
劳动这种生命活动、这种生产生活本身对人说来不过是满足他的需要，即维持肉体生存的需要的手段……一个种的全部特性、种的类特性就在于生命活动的性质，而人的类特性恰恰就是自由的、自觉的活动。②	

① 《马克思恩格斯选集》，人民出版社。

② 张国钧，《劳动解放：马克思人类解放思想的真蕴》，《长白学刊》杂志。

致敬劳模

陈立群

陈立群曾任贵州省黔东南苗族侗族自治州台江民族中学校长。他教书育人、孜孜不倦，从教近40年，担任中学校长长达34年，集丰富的教学及管理经验于一身，先后荣获“浙江省第十八届春蚕奖”“杭州市劳动模范”“杭州市第二届杰出人才奖”“首届全国教育改革创新杰出校长奖”等荣誉。

1957年11月，陈立群降生在浙江省杭州市临安区，1982年，毕业于浙江师范大学数学系。从1985年开始，直至2016年退休，他历任桐庐县窄溪中学校长、杭州市朝晖中学校长、杭州市长河高级中学校长、杭州学军中学校长。2016年退休后，他拒绝了众多民办中学的高薪聘请，义无反顾地来到了贵州省黔东南苗族侗族自治州台江民族中学担任校长。

台江县是国家级贫困县，台江民族中学作为唯一的一所公办中学，教学质量一直属于全州最差的水平。陈立群到任后，对台江民族中学的真实情况有了更准确的认识。学校食堂卫生状况令人忧心，也无法保障学生的营养需求。此外，学校学习氛围差，学生学习兴趣低，而且教学质量堪忧，教师的教学态度和教学方式亟须革新。针对这些问题，陈立群在上任2个月内，制定了16项管理制度，积极整顿学风教风，不断革新教学方法。不久，台江民族中学就发生了翻天覆地的变化。教师们教学积极，态度端正，认真负责；学生们学习氛围良好，学习兴趣浓厚。

在陈立群看来，帮扶贫困地区教育的关键在于增强其可持续发展的“造血功能”。为此，他出资设立台江民族中学“陈立群奖教金”，旨在对那些优秀教师给予肯定和奖励。2018年，贵州省教育厅以陈立群之名成立全省名校长领航工作室。他凭借自己深厚的管理实践经验，积极努力探索了一条行之有效的校长培养机制，义务讲座报告有60余场，参加培训的人数超过万人。他为贫困地区培养了一支水平高超、素质过硬的师资队伍。

对话工匠

韩　权

韩权，广西机电职业技术学院优秀校友，在他的职业生涯中，参与和负责实施了多个重要项目。2007年韩权受聘为柳工挖掘机结构件厂斗杆班班长。作为一线的生产工人，韩权全程参与了公司首台焊接机器人的安装、调试并成功应用。他克服一个又一个难题，成功地将个人的焊接技术及对焊接参数独到的见解与先进的机器设备很好地结合在一起，机器人焊接率达到85%以上。韩权以“传、帮、带”为己任，发挥个人高超的焊接技能和丰富的焊接实战经验，并带领斗杆班在2010年获“全国质量信得过班组”，2011年获“柳州市安全生产标杆班组”，2012年获“全国安全生产示范班组”，2009—2013年连续获评为柳工年度优秀班组等。通过挖机焊接技能工作室的管理，推动工作室成员制作和修改完成了焊接相关的培训课件共7份。2007年至今，他兢兢业业致力于公司的焊接技能培训工作，力求为公司全力打造一支具有行业领先技术水平的电焊工队伍。到目前为止，这支队伍中有“柳工电焊工技能大师”3人，“柳工电焊工技能专家”3人，“柳工电焊工技能能手”11人。为了让这支队伍不断壮大，技能不断提高，在2015年，公司还以“韩权”为名成立了技能大师工作室。韩权为公司的结构件焊接生产和焊接技能人才的培养做出了重要的贡献。

实践活动

“美好生活，从我做起”主题 劳动教育活动	
活动内容	学会摆放个人日常生活用品，整理床铺和柜子等。
活动目标	1．掌握基本的劳动技能、劳动程序。 2．体会劳动艰辛，培养吃苦耐劳的精神。 3．养成良好的劳动意识，增强独立生活的能力。
活动安全	1．活动前进行广泛的安全教育。 2．了解相关的操作规程。 3．准备劳动安全防护用品。
活动准备	1．进行劳动体验动员。 2．确定劳动内容，准备检查记录本。 3．与相关部门协调，安排现场指导教师。
活动过程	1．前往劳动体验场地报到。 2．现场指导教师进行安全教育及劳动安排。 3．现场指导教师对劳动过程进行指导、监控。 4．劳动体验结束，现场指导教师总结并进行评价。
活动评价	自 我 评 价：　优秀□　良好□　合格□　不合格□ 组 长 评 价：　优秀□　良好□　合格□　不合格□ 活动方评价：　优秀□　良好□　合格□　不合格□

任务评价

任　　务	完 成 情 况	体会与启发
1．观看纪录片《时代楷模》		
2．观看纪录片《筑梦匠心》		
3．观看中央电视台中文国际频道国史节目《国家记忆》		
4．致敬劳模		
5．对话工匠		
6．实践活动		

任务三　新时代劳动教育

学习目标

1．了解新时代劳动教育的基本内涵、内容。

2．掌握基本的劳动技能。

3．培养正确劳动观念，弘扬积极劳动精神，形成良好劳动品质。

情境一　*观看纪录片《璀璨薪火》*

《璀璨薪火》是一部展现中国匠人的纪录片。制作团队历经 600 天的拍摄，10 万公里的跋山涉水，以航拍的方式将祖国山川大地的美呈现给观众。该纪录片用镜头记录下中国文化传承人的身体力行，通过还原和展现中华文明，传扬人文之美，讴歌匠人精神。

情境二　观看影片《我和我的祖国》

《我和我的祖国》是由陈凯歌担任总导演，张一白、管虎、薛晓路、徐峥、宁浩、文牧野联合执导，（按出场顺序）黄渤、张译、吴京、杜江、葛优、刘昊然、陈飞宇、宋佳领衔主演的剧情片。该片讲述了新中国成立 70 年间普通百姓与共和国息息相关的故事，于 2019 年 9 月 30 日在中国大陆上映。

情境三　观看纪录片《了不起的匠人》第一季

纪录片《了不起的匠人》第一季，讲述了 20 位极具匠心的匠人们的精彩人生。这 20 位匠人来自中国、日本等亚洲地区，以他们各自巧夺天工的技艺和无与伦比的器物，展现了当地的历史、文化风情，以及他们对手艺的热情和专注。在这个发展速度快、选择多样化的时代，依然有这样一群人一辈子专注于一件事，这无疑令我们感动。

学习探究

新时代劳动教育

学习内容	思考与探究
重大意义。劳动教育是中国特色社会主义教育制度的重要内容，直接决定社会主义建设者和接班人的劳动精神面貌、劳动价值取向和劳动技能水平。长期以来，各地区和学校坚持教育与生产劳动相结合，在实践育人方面取得了一定成效。同时也要看到，近年来一些青少年中出现了不珍惜劳动成果、不想劳动、不会劳动的现象，劳动的独特育人价值在一定程度上被忽视，劳动教育正被淡化、弱化。对此，全党全社会必须高度重视，采取有效措施切实加强劳动教育。①	
指导思想。以习近平新时代中国特色社会主义思想为指导，全面贯彻党的教育方针，落实全国教育大会精神，坚持立德树人，坚持培育和践行社会主义核心价值观，把劳动教育纳入人才培养全过程，贯通大中小学各学段，贯穿家庭、学校、社会各方面，与德育、智育、体育、美育相融合，紧密结合经济社会发展变化和学生生活实际，积极探索具有中国特色的劳动教育模式，创新体制机制，注重教育实效，实现知行合一，促进学生形成正确的世界观、人生观、价值观。②	

① 中共中央、国务院《关于全面加强新时代大中小学劳动教育的意见》。

② 同上。

新时代劳动教育

学习内容	思考与探究
把握育人导向。坚持党的领导，围绕培养担当民族复兴大任的时代新人，着力提升学生综合素质，促进学生全面发展、健康成长。把准劳动教育价值取向，引导学生树立正确的劳动观，崇尚劳动、尊重劳动，增强对劳动人民的感情，报效国家，奉献社会。[①]	
遵循教育规律。符合学生年龄特点，以体力劳动为主，注意手脑并用、安全适度，强化实践体验，让学生亲历劳动过程，提升育人实效性。[②]	
体现时代特征。适应科技发展和产业变革，针对劳动新形态，注重新兴技术支撑和社会服务新变化。深化产教融合，改进劳动教育方式。强化诚实合法劳动意识，培养科学精神，提高创造性劳动能力。[③]	

① 中共中央、国务院《关于全面加强新时代大中小学劳动教育的意见》。

② 同上。

③ 同上。

新时代劳动教育

学习内容	思考与探究
强化综合实施。加强政府统筹，拓宽劳动教育途径，整合家庭、学校、社会各方面力量。家庭劳动教育要日常化，学校劳动教育要规范化，社会劳动教育要多样化，形成协同育人格局。①	
坚持因地制宜。根据各地区和学校实际，结合当地在自然、经济、文化等方面条件，充分挖掘行业企业、职业院校等可利用资源，宜工则工、宜农则农，采取多种方式开展劳动教育，避免“一刀切”。②	
把握劳动教育基本内涵。劳动教育是国民教育体系的重要内容，是学生成长的必要途径，具有树德、增智、强体、育美的综合育人价值。实施劳动教育重点是在系统的文化知识学习之外，有目的、有计划地组织学生参加日常生活劳动、生产劳动和服务性劳动，让学生动手实践、出力流汗，接受锻炼、磨炼意志，培养学生正确劳动价值观和良好劳动品质。 中共中央、国务院《关于全面加强新时代大中小学劳动教育的意见》明确劳动教育总体目标。通过劳动教育，使学生能够理解和形成马克思主义劳动观，牢固树立劳动最光荣、劳动最崇高、劳动最伟大、劳动最美丽的观念；体会劳动创造美好生活，体认劳动不分贵贱，热爱劳动，尊重普通劳动者，培养勤俭、奋斗、创新、奉献的劳动精神；具备满足生存发展需要的基本劳动能力，形成良好劳动习惯。③	

① 中共中央、国务院《关于全面加强新时代大中小学劳动教育的意见》。

② 同上。

③ 同上。

新时代劳动教育

学习内容	思考与探究
设置劳动教育课程。整体优化学校课程设置，将劳动教育纳入中小学国家课程方案和职业院校、普通高等学校人才培养方案，形成具有综合性、实践性、开放性、针对性的劳动教育课程体系。根据各学段特点，在大中小学设立劳动教育必修课程，系统加强劳动教育。中小学劳动教育课每周不少于1课时，学校要对学生每天课外校外劳动时间作出规定。职业院校以实习实训课为主要载体开展劳动教育，其中劳动精神、劳模精神、工匠精神专题教育不少于16学时。普通高等学校要明确劳动教育主要依托课程，其中本科阶段不少于32学时。除劳动教育必修课程外，其他课程结合学科、专业特点，有机融入劳动教育内容。大中小学每学年设立劳动周，可在学年内或寒暑假自主安排，以集体劳动为主。高等学校也可安排劳动月，集中落实各学年劳动周要求。①	
确定劳动教育内容要求。根据教育目标，针对不同学段、类型学生特点，以日常生活劳动、生产劳动和服务性劳动为主要内容开展劳动教育。结合产业新业态、劳动新形态，注重选择新型服务性劳动的内容。②	
健全劳动素养评价制度。将劳动素养纳入学生综合素质评价体系，制定评价标准，建立激励机制，组织开展劳动技能和劳动成果展示、劳动竞赛等活动，全面客观记录课内外劳动过程和结果，加强实际劳动技能和价值体认情况的考核。建立公示、审核制度，确保记录真实可靠。把劳动素养评价结果作为衡量学生全面发展情况的重要内容，作为评优	

① 中共中央、国务院《关于全面加强新时代大中小学劳动教育的意见》。

② 同上。

新时代劳动教育

学习内容	思考与探究
评先的重要参考和毕业依据，作为高一级学校录取的重要参考或依据。[①]	
家庭要发挥在劳动教育中的基础作用。注重抓住衣食住行等日常生活中的劳动实践机会，鼓励孩子自觉参与、自己动手，随时随地、坚持不懈进行劳动，掌握洗衣做饭等必要的家务劳动技能，每年有针对性地学会1至2项生活技能。鼓励学校（家委会）和社区等组织开展学生生活技能展示活动。学生参加家务劳动和掌握生活技能的情况要按年度记入学生综合素质档案。鼓励孩子利用节假日参加各种社会劳动。家庭要树立崇尚劳动的良好家风，家长要通过日常生活的言传身教、潜移默化，让孩子养成从小爱劳动的好习惯。[②]	
学校要发挥在劳动教育中的主导作用。学校要切实承担劳动教育主体责任，明确实施机构和人员，开齐开足劳动教育课程，不得挤占、挪用劳动实践时间。明确学校劳动教育要求，着重引导学生形成马克思主义劳动观，系统学习掌握必要的劳动技能。根据学生身体发育情况，科学设计课内外劳动项目，采取灵活多样形式，激发学生劳动的内在需求和动力。统筹安排课内外时间，可采用集中与分散相结合的方式。组织实施好劳动周，小学低中年级以校园劳动为主，小学高年级和中学可适当走向社会、参与集中劳动，高等学校要组织学生走向社会、以校外劳动锻炼为主。[③]	

① 中共中央、国务院《关于全面加强新时代大中小学劳动教育的意见》。

② 同上。

③ 同上。

新时代劳动教育

学习内容	思考与探究
社会要发挥在劳动教育中的支持作用。充分利用社会各方面资源，为劳动教育提供必要保障。各级政府部门要积极协调和引导企业公司、工厂农场等组织履行社会责任，开放实践场所，支持学校组织学生参加力所能及的生产劳动、参与新型服务性劳动，使学生与普通劳动者一起经历劳动过程。鼓励高新企业为学生体验现代科技条件下劳动实践新形态、新方式提供支持。工会、共青团、妇联等群团组织以及各类公益基金会、社会福利组织要组织动员相关力量、搭建活动平台，共同支持学生深入城乡社区、福利院和公共场所等参加志愿服务，开展公益劳动，参与社区治理。①	
加强高校劳动教育，重在深入把握高等教育规律，找准劳动教育的着力点、切入点，科学谋划、优化协调、精准高效、扎实推进，做到集中教育与分散教育相结合，课堂教育与课外教育相结合。一方面，课堂教学是教育教学活动的主阵地，加强劳动教育必须开设专门的劳动教育课程，与其他专业课同向同行，才能构建出扎实、完整的知识体系；另一方面，分散性的课外劳动教育是课程教学的必要补充，必须把劳动教育理念贯穿于学校日常的教育教学全过程，扎实推进劳动教育与思想政治教育、校园文化相结合、完成劳动思想教育的任务；扎实推进劳动教育与专业教育、实习实训相结合，完成劳动知识与技能教育的任务；扎实推进劳动教育与社会实践和志愿服务、创新创业教育、产教融合、职业生涯教育与就业指导的结合，让学生在劳动实践训练中得到全面发展。②	

① 中共中央、国务院《关于全面加强新时代大中小学劳动教育的意见》。

② 刘向兵等，《新时代高校劳动教育论纲》，社会科学文献出版社。

致敬劳模

张 黎 明

张黎明，现任国家电网天津市电力公司滨海供电分公司运维检修部第四支部副书记、配电抢修一班班长。他坚守初心、不忘使命，始终扎根在电力抢修一线，数十年来以饱满的工作热情、高度的责任感，在平凡的岗位上兢兢业业，彰显了一名共产党员的崇高价值追求。他先后荣获“改革先锋”“时代楷模”“全国劳动模范”“全国优秀共产党员”“全国道德模范”等荣誉称号。

1969 年 8 月，张黎明出生在河北沧州。1987 年，18 岁的张黎明进入了电力行业，成为一名电路巡线工。电力的一线工作向来以艰苦著称，越是天气恶劣的时候，越是电力一线工人工作量最多、最忙碌的时候，而且无一例外都是户外作业。自参加工作以来，张黎明巡线路程累计超过 8 万公里，亲手绘制线路图累计 1500 余张，对线路的所有状况以及沿途环境了如指掌，有电力抢修“活地图”之称。在累计 2 万余次的作业中，张黎明从未发生过安全事故，更是根据数十年的实践经验，分析总结形成了《急修案例库》和《抢修百宝书》，对电力一线工作具有重要指导意义。

此外，张黎明还勇于创新、敢于突破、追求极致，充分展现了新时代电力行业工人的品质。他带领团队先后实现 400 余项技术革新，其中有 20 多项技术革新成果填补了我国电力行业的空白。

张黎明是伴随着我国改革开放成长起来的知识型、技能型、创新型劳动者的杰出代表。他用自己数十年的电力一线工作实践生动诠释了劳动者的伟大之处，谱写了一曲新时代的劳动者之歌。

周 保 华

周保华，广西机电职业技术学院2002届数控技术及应用专业毕业生。现任桂林机床股份有限公司副总经理，分管生产部、供应部、设动安全部、计算机网络管理、物流中心及各生产厂的工作。从事专业技术工作十余年，获工程师专业技术资格。

自2002年参加工作至今，周保华主要从事各类机床产品的大型零件机械加工、机床装配的技术工作和公司生产管理工作。从业以来他一直敬业爱岗，具备良好的职业道德。在从事技术主管工作期间，他主要负责XHZ7712A/3滑枕床身加工中心、数控龙门式系列铣床、滑枕式系列加工中心、数控滑枕床身系列铣床等的大件加工、装配及试加工。在他从事公司生产管理工作期间，主要完成了公司ERP生产管理系统的建立和完善工作，使公司的生产流程由传统的人工方式转变为信息化管理方式，规范了企业的生产管理流程。在负责生产管理和技术服务工作过程中，周保华积极主动、认真负责、态度良好，得到了公司各级领导和工人师傅的好评，多次获得公司“优秀共产党员”“先进工作者”“优秀工程技术人员”“安全生产先进个人”等荣誉称号。他在《科技中国》等期刊上，发表了《数控机床现行生产管理模式的问题及对策》《数控机床的使用和维护》等论文。他还获得过多项国家专利、科技进步奖、高新技术产品认证等。

实践活动

"我做公寓卫生员"主题 劳动教育活动	
活动内容	检查学生是否在寝室使用违规电器，组织学生打扫公共区域的卫生。
活动目标	1．掌握基本的劳动技能、劳动程序。 2．体会劳动艰辛，培养吃苦耐劳的精神。 3．增强学生"爱校如爱家"的主人翁意识。
活动安全	1．活动前进行广泛的安全教育。 2．了解相关的操作规程。 3．准备劳动安全防护用品。
活动准备	1．进行劳动体验动员。 2．确定劳动内容、准备检查记录本、劳动工具。 3．与相关部门协调，安排现场指导教师。
活动过程	1．前往劳动体验场地报到。 2．现场指导教师进行安全教育及劳动安排。 3．现场指导教师对劳动过程进行指导、监控。 4．劳动体验结束，现场指导教师总结并进行评价。
活动评价	自 我 评 价：　优秀□　良好□　合格□　不合格□ 组 长 评 价：　优秀□　良好□　合格□　不合格□ 活动方评价：　优秀□　良好□　合格□　不合格□

任务评价

任务	完成情况	体会与启发
1．观看纪录片《璀璨薪火》		
2．观看影片《我和我的祖国》		
3．观看纪录片《了不起的匠人》第一季		
4．致敬劳模		
5．对话工匠		
6．实践活动		

项目二　劳模与劳模精神

任务一　劳模精神

学习目标

1．理解劳模精神。

2．了解新时代劳模精神的特征。

3．了解新时代劳模精神的意义。

情境一　*体会钟南山的劳模精神*

2020 年新春来临之际，突如其来的新型冠状病毒肺炎疫情打破了人们的正常生活。在这场众志成城的抗疫之战中，84 岁高龄的钟南山义无反顾地踏上征程。他远赴疫区，始终坚守在抗疫第一线，体现了忧国忧民的大无畏精神。

情境二　*学习姚鸿洲爱岗敬业的劳模精神*

2008 年，23 岁的姚鸿洲进入重庆中车长客轨道车辆有限公司，全身心投入工作中，一心钻研专业技术，先后获得了 8 项国家专利。此外，他还编写了《地铁车辆装备工艺作业指导书》，成功组织完成了重庆中车长客轨道车辆有限公司从单轨车型到地铁车型的成功增型，为公司设计了首列 B 型不锈钢地铁。同时，也为重庆市第一条地铁线——重庆市轨道交通 1 号线的开通贡献了自己的一分力量。2015 年 4 月，姚鸿洲荣获“全国劳动模范”称号，是当年全国劳动模范中为数不多的 80 后。

情境三　*观看纪录片《中国劳模》：《马背上的医生——李梦桃》*

李梦桃在祖国大西北的中蒙边境和哈萨克族牧民一起生活了数十年，救治的牧民不计其数。他被牧民们称为“马背上的医生”。每次为病人看病，他都要骑着马走上几天几夜，数十年间，他走遍了北塔山的沟沟坎坎，乌龙布拉格草原处处都留下了他的足迹。这是一个兵团人的担当与坚守。

学习探究

劳模精神	
学习内容	思考与探究
劳动模范是劳动群众的杰出代表，是最美的劳动者。劳动模范身上体现的“爱岗敬业、争创一流，艰苦奋斗、勇于创新，淡泊名利、甘于奉献”的劳模精神，是伟大时代精神的生动体现。①	
劳模，即劳动模范，是指在社会主义建设事业中成绩卓著的劳动者，经民主评选，有关部门审核，政府审批后被授予的荣誉称号。	
劳模，意味着“希望的光芒”，能照亮黑夜，温暖人心；劳模，意味着“人理之伦”，为他人、为社会创造生存的空间和条件；劳模，意味着“人生之道”，让生命向更美好的空间延伸发展；劳模，意味着“价值取向”，决定、支配主体的价值选择，对主体自身、主体间关系、其他主体均有重大的影响。	
一代人有一代人的使命。劳动的内涵在更新，劳模的标准在“进阶”，“爱岗敬业、争创一流，艰苦奋斗、勇于创新，淡泊名利、甘于奉献”的劳模精神始终是不变的秘籍。爱岗敬业是本分，争创一流是追求，艰苦奋斗是作风，勇于创新是使命，淡泊名利是境界，甘于奉献是修为。做一个守本分、有追求、讲作风、担使命、有境界、有修为的人，是每一位劳模的精神风范，更是每一位劳动者应该追求的目标。	

① 2016 年 4 月 26 日，习近平在知识分子、劳动模范、青年代表座谈会上的讲话。

致敬劳模

许 振 超

许振超，原青岛湾集装箱码头有限责任公司高级经理，曾获“全国五一劳动奖章”“全国劳动模范”“全国优秀共产党员”等称号。2018 年 12 月 18 日，许振超被授予“改革先锋”称号。2019 年 9 月 25 日，许振超获“最美奋斗者”称号。

1974 年，初中毕业的许振超进入青岛港工作，当起了码头工人。他勤学苦练，仅一周就能够独立操作起重机。但会开容易，开好却难，熟练的师傅操作时，钩头起吊平稳，钢丝绳走的是“一条线”。为了能够早日熟练掌握这门技术，每次作业结束，他都留下不断练习。不到半年时间，他便熟练了。作业时，他一勾下去，量刚好一车皮，不多不少，从此练就了“一勾准”的绝活。但他并不满足于此，工作之余，他练习走钩头，最终实现了钩头行进过程中滴水不漏。这样又成就了他的一个绝活“一勾清”。装散粮时，从舱内到车内无泼洒。

2003 年 4 月 27 日，许振超团队在 6 小时 15 分钟之内完成了“地中海法米娅”轮的装卸作业，创下了世界集装箱装卸纪录。之后的五年里，许振超团队又陆续七次刷新集装箱装卸世界纪录，使“振超效率”名扬海内外。

许振超常说人总是要有一点精神的，在工作岗位上，干就干一流，争就争第一。他用实际行动践行了这句话，在平凡的岗位上干出了不平凡的业绩，是新时代我国广大产业工人的杰出代表。

对话工匠

张 增 富

张增富是广西机电职业技术学院焊接专业毕业生，现任江苏某智能输电工程科技股份有限公司总经理助理兼生产部经理。

张增富在校期间，担任过班级团支部书记、大学生记者团新闻部部长等职务，多次获学院优秀团干部等荣誉。所在班级曾获2006年广西族自治区省先进班集体称号。

他曾在浙江宇凡电器制造有限公司工作，该单位是新兴企业。工作期间，他改良了大量生产工艺，极大地提升了质量和产能。

曾在陕西国德电气制造有限公司工作，先后担任技术主管、铆焊车间工段长、生产管理部长助理，被评为焊接工程师。他在工作期间攻克了许多技术难关，为公司打开海外市场提供了技术保障。

实践活动

“清洁实训室”主题劳动教育活动	
活动内容	学会清洁实训室。
活动目标	1．弘扬爱劳动、尊重劳动的精神。 2．树立自我管理、自我服务的意识。 3．增强学生的劳动能力。
活动安全	1．活动前进行广泛的安全教育。 2．了解相关的规作规程。 3．准备劳动安全防护用品。
活动准备	1．进行劳动体验动员。 2．确定劳动内容。 3．与相关部门协调，安排现场指导教师。
活动过程	1．前往劳动体验场地报到。 2．现场指导教师进行安全教育及劳动安排。 3．现场指导教师对劳动过程进行指导、监控。 4．劳动体验结束，现场指导教师总结并进行评价。
活动评价	自 我 评 价：　优秀□　良好□　合格□　不合格□ 组 长 评 价：　优秀□　良好□　合格□　不合格□ 活动方评价：　优秀□　良好□　合格□　不合格□

任务评价

任　　务	完 成 情 况	体会与启发
1. 体会钟南山的劳模精神		
2. 学习姚鸿洲爱岗敬业的劳模精神		
3. 观看纪录片《中国劳模》:《马背上的医生——李梦桃》		
4. 致敬劳模		
5. 对话工匠		
6. 实践活动		

任务二 劳模精神的时代特色

学习目标

1. 了解劳模精神的时代路径。
2. 掌握劳模精神的时代特色。
3. 了解新时代劳模精神的重要价值。

情境一 *观看纪录片《永不过时的劳模精神——时传祥》*

时传祥，一名普通的掏粪工人，宁以一人脏，换得百家净。爱岗敬业、默默无闻、任劳任怨、无私奉献在他身上彰显得淋漓尽致。时代在发展，有些工种消失了，但只要存在社会分工，就仍然会有相对脏、累、苦的工作，时传祥精神依旧值得传承和发扬。

情境二　阅读《习近平给郑州圆方集团全体职工的回信》

郑州圆方集团全体职工：

你们好！新冠肺炎疫情发生后，你们在集团党委带领下，一直坚守保洁、物业等岗位，不少同志主动请战驰援武汉等地的医院，以实际行动为抗击疫情作出了贡献。大家辛苦了！

伟大出自平凡，英雄来自人民。面对这次突如其来的疫情，从一线医务人员到各个方面参与防控的人员，从环卫工人、快递小哥到生产防疫物资的工人，千千万万劳动群众在各自岗位上埋头苦干、默默奉献，汇聚起了战胜疫情的强大力量。希望广大劳动群众坚定信心、保持干劲，弘扬劳动精神，克服艰难险阻，在平凡岗位上续写不平凡的故事，用自己的辛勤劳动为疫情防控和经济社会发展贡献更多力量。

值此“五一”国际劳动节之际，我向你们、向全国各族劳动群众致以节日的问候！

习近平

2020 年 4 月 30 日

情境三　观看影片《杜丽群》

杜丽群，女，壮族，中共党员，1965 年 5 月出生，广西南宁人，坚守艾滋病护理岗位十余年。她以诚待患，视患为亲，精心护理艾滋病患者，被艾滋病患者亲切地称为“邻家大姐”。在广西艾滋病治疗护理领域探索了出全新的护理经验，是广西医学护理界的一面亮丽旗帜，更是共产党员的优秀典范。

杜丽群先后荣获全国医药卫生系统“创先争优活动先进个人”“全国五一劳动奖章”“全国医德楷模”“全国三八红旗手”“全国民族团结进步模范个人”“全国先进工作者”“第 45 届南丁格尔奖”“全国最美医生”“全国优秀共产党员”等荣誉。

学习探究

劳模精神的时代特色

学习内容	思考与探究
20世纪50年代以来，王进喜、孟泰、时传祥等一批普通劳动者，在他们平凡的岗位上以主人翁的责任感和艰苦创业精神创造了非凡的成绩。改革开放后，以袁隆平、李素丽、徐虎等为代表的劳模用他们平凡执着的坚守感动了人们。再到后来，安建军、窦铁成、张鹊鸣、李斌、高凤林、黄大年等一线职工，在继承发扬老一辈劳模艰苦奋斗、拼搏奉献精神的同时，又苦练技术、大胆创新，成为知识型、技术型和创新型劳模。	
每个时代都有每个时代的精神，每个时代都有每个时代的价值观念。[①]	

① 习近平在北京大学师生座谈会上的讲话。

致敬劳模

周宪梁

2005年，周宪梁主动报名，踏上援疆之路。

阿克苏是周宪梁此次支援新疆的目的地。刚到时，他虽然疲惫不堪、状态不佳，但看着病人殷殷期盼的目光，顾不上劳累，马上开展工作。这一开始就直接工作到傍晚，其间连喝水都抽不出时间，一心扑在为病人看诊上。看诊结束后，周宪梁已精疲力竭、头昏眼花，起身险些一头栽倒。第一天他就接诊了50多位病人。除此之外，为了方便病人求诊，他更是公开了私人电话。他所在地区自然环境恶劣，路况极差，病人求医不便，他就想出“医疗大篷车”的办法。每个周末，他会随大篷车前往周边地区看诊，发放常用药品，宣传医疗知识，群众纷纷称赞它是“幸福车”。在这场援疆之行中，周宪梁与当地群众结下了深厚的感情。

他心中总是记挂着病人，兢兢业业，不辞辛劳，于2008年被授予“白求恩奖章”。

对话工匠

齐　林

齐林，广西机电职业技术学院2006届数控技术及应用专业毕业生。因为受父亲的影响，齐林从小对机械技术有一种说不出的喜欢。2006年高考后的齐林毅然放弃了就读本科院校的机会，选择就读广西机电职业技术学院数控技术及应用专业。2008年初，经过6轮的严格筛选，齐林以优异的成绩入选学院数控技能代表队。为了备战技能大赛，他经常在数控中心练习到晚上两点钟。一分耕耘一分收获，在校期间，齐林先后荣获南宁市数控技能大赛第二名，广西数控技能大赛第二名，全国职业院校“数控机床安装、调试与维修”邀请赛二等奖，全国职业院校“数控机床安装、调试与维修”技能大赛三等奖。技能大赛改变了齐林的命运，让他在不断地学习中找到了快乐。2008年，齐林在实习期间，以吃苦耐劳的精神和娴熟的技能脱颖而出，得到公司的认可和赏识。2009年一拿到毕业证，齐林便被公司直接提升为主管。参加工作后，齐林还多次代表公司参加职工职业技能大赛，先后荣获第四届南宁市数控技能大赛加工中心第一名，第三届全省职工职业技能大赛加工中心第七名。

齐林凭借其高超的技能水平、良好的职业道德、丰富的实践经验、优秀的工作业绩，被公司提拔为数控工段的工段长。上任之初，他带领生产团队，加班加点，克服了种种困难，解决了4项生产中的技术瓶颈和5项技改难题，如期按质生产出英国夏普太阳能边框，为公司赢得了2554.34万元的欧洲订单。

2011年12月，齐林被公司提拔为部门副部长，成为当时南南铝业集团最年轻的中层干部。从技术岗位走向管理岗位，对齐林来说又是一个新的挑战，他深知对企业来说，“个人专业是亮点，团队专业是财富”。他努力认真，打造了一支专业技术团队。

实践活动

“我做社区志愿者”主题劳动教育活动	
活动内容	学会整理办公室文件资料等。
活动目标	1．掌握基本的劳动技能、劳动程序。 2．体会劳动艰辛，培养吃苦耐劳的精神。 3．增强责任感，养成做事认真细致的习惯，形成良好的劳动意识。
活动安全	1．活动前进行广泛的安全教育。 2．了解相关的操作规程。 3．准备劳动安全防护用品。
活动准备	1．进行劳动体验动员。 2．确定劳动内容。 3．与相关部门协调，安排现场指导教师。
活动过程	1．前往劳动体验场地报到。 2．现场指导教师进行安全教育及劳动分工。 3．现场指导教师对劳动过程进行指导、监控。 4．劳动体验结束，现场指导教师总结并进行评价。
活动评价	自 我 评 价：　优秀□　良好□　合格□　不合格□ 组 长 评 价：　优秀□　良好□　合格□　不合格□ 活动方评价：　优秀□　良好□　合格□　不合格□

任务评价

任　务	完成情况	体会与启发
1．观看纪录片《永不过时的劳模精神——时传祥》		
2．阅读《习近平给郑州圆方集团全体职工的回信》		
3．观看影片《杜丽群》		
4．致敬劳模		
5．对话工匠		
6．实践活动		

任务三　劳模精神的继承与发扬

学习目标

1．理解劳模精神当代价值的意义。

2．通过参与志愿服务，磨炼意志，提升思想境界。

3．理解并继承发扬劳模精神。

情境一　*观看纪录片《永不过时的劳模精神——王进喜》*

王进喜是新中国第一批钻井工人。1960 年，时年 37 岁的王进喜接受命令，带领 1205 钻井队千里迢迢从玉门赶往大庆。王进喜废寝忘食地工作，在缺少机器设备的极端条件下，喊出了经典口号“有条件上，没条件创造条件也要上”，带领队友人拉肩扛、破冰取水。他勇跳泥浆池，创造了大庆石油会战的三个奇迹，让钻井工人信心倍增，为我国石油工业的发展贡献了巨大的力量。

情境二　*观看短片《时代楷模——黄大年》*

国际知名的战略科学家、中国著名的地球物理学家黄大年不忘初心，至诚报国。他带领团队创造了多项“中国第一”，为我国“巡天探地潜海”填补了多项技术空白，为深地资源探测和国防安全建设做出了突出贡献，用 5 年时间完成了西方发达国家需要用 20 年完成的工作，以实际行动展现了“振兴中华，乃我辈之责”的家国情怀和崇高的道德情操，展现了新一代科技工作者的英雄形象。

情境三　*观看央视新闻《第一书记黄文秀：初心不灭，青春无悔》*

来自广西一个贫困家庭的女孩黄文秀，经过不懈奋斗，从石头村考入北京师范大学。2016 年研究生毕业后，她回到家乡工作，响应号召到贫困村担任驻村第一书记。2019 年 6 月 17 日，一场突如其来的山洪，让她 30 岁的年轻生命永远定格在了扶贫道路上。中国共产党中央委员会宣传部追授黄文秀“时代楷模”称号。黄文秀荣获第七届全国道德模范“全国敬业奉献模范”称号，又被追授“最美奋斗者”荣誉称号、“全国优秀共产党员”称号。

学习探究

劳模精神的继承与发扬

学习内容	思考与探究
希望我国广大劳动群众以劳动模范为榜样，爱岗敬业、勤奋工作，锐意进取、勇于创造，不断谱写新时代的劳动者之歌。[①]	
青年人要以劳动模范为榜样，崇尚劳模精神，甘于奉献，勇于拼搏，创先争优，做一名肯吃苦、懂传承、能创新、讲政治、爱学习的新时代劳模典范，为国家富强贡献力量，为民族复兴贡献力量。	

① 2016年4月26日，习近平在知识分子、劳动模范、青年代表座谈会上的讲话。

劳模精神的继承与发扬

学习内容	思考与探究
2016年，27岁的黄文秀从北京师范大学研究生毕业，毅然决然地放弃大城市的工作机会，怀抱理想回到家乡广西百色，担任乐业县百坭村驻村第一书记，全身心投入到脱贫攻坚。经过一年多的努力，她带领88户418名贫困群众脱贫，全村贫困发生率下降20%以上。2019年6月17日凌晨，心系扶贫事业的她不顾狂风暴雨，连夜返回乐业县开展工作，不幸遭遇山洪，献出了宝贵而年轻的生命。	
榜样的力量是无穷的。劳模精神是凝神聚气的法宝，汇集了中华民族强大的精神力量，源源不断地激励广大劳动人民发挥积极性、主动性和创造性，勇于拼搏，艰苦奋斗，担当实干，精益求精，将实现个人价值与时代发展建设相结合，为国家和社会的发展贡献自己的力量。	
要在学生中弘扬劳动精神，教育引导学生崇尚劳动、尊重劳动，懂得劳动最光荣、劳动最崇高、劳动最伟大、劳动最美丽的道理，长大后能够辛勤劳动、诚实劳动、创造性劳动。①	

① 2018年9月10日习近平在全国教育大会上的讲话。

潘 沈 涵

潘沈涵是上海市园林学校2015级园林绿化专业的学生。2016年2月，潘沈涵以第二名的优异成绩顺利入选上海集训队。7名备选队员要经过激烈而残酷的角逐，争夺参加全国选拔赛的3个名额。潘沈涵依靠平稳的发挥，以及别具一格的创意，一举拿下参加全国选拔赛的资格。在总计20名选手的全国选拔赛中，潘沈涵以连续排名第一的成绩，紧握国家集训队资格。

进入了国家集训队，面临的是更加严格和艰辛的训练，及更加残酷的国家集训队淘汰赛。而这场集训的时间长达一年之久，战线绵长，训练密集，任务繁重，队员承受的压力可想而知。最终，通过更加残酷的国家集训队淘汰赛，潘沈涵取得第44届世界技能大赛中国代表队花艺项目的参赛选手资格。

“世赛不只是技能的较量，更重要的是心态。”这是潘沈涵赛后总结时说的话。在这场世界技能大赛中，他以平和的心理状态，强大的心理素质，高超的技艺水平，制作了一幅备受赞许的花艺作品，一举拿下了世界技能大赛花艺项目金牌。

郑志明

郑志明，广西汽车集团有限公司装备制造技师、首席专家。他是2018年“大国工匠年度人物”评选活动中唯一的广西本土候选人。该评选活动由中华全国总工会、中央广播电视总台联合举办。

郑志明是一名钳工技术能手。他的手工划线钻孔精度可以控制在0.05 mm以内，锉削平面精度可以控制在0.002 mm以内。他带领工作室成员完成工艺装备自主研制项目共294项，交付使用工艺、工程装备共496台（套），直接创造经济效益5368万元。曾荣获“全国技术能手”“广西劳动模范”称号。

实践活动

“走进敬老院”主题劳动教育活动	
活动内容	走进敬老院，关爱老年人。
活动目标	1．弘扬中华民族“尊老、敬老、爱老”的传统美德，倡导“奉献、友爱、互助、进步”的志愿精神。 2．通过给老年人送温暖，营造和谐温暖的社会风气。 3．增强同学们的社会责任感和使命感。
活动安全	1．活动前进行广泛的安全教育。 2．了解相关的活动流程。 3．准备慰问节目及慰问品。
活动准备	1．通过校园义卖活动筹集慰问经费。 2．确定慰问节目及送温暖环节。 3．与敬老院沟通，明确注意事项。
活动过程	1．在学校集合，一同前往敬老院报到。 2．现场指导教师进行安全教育及活动安排。 3．现场指导教师对活动过程进行指导、监控。 4．义务服务结束，现场指导教师总结并进行评价。
活动评价	自我评价：　优秀□　良好□　合格□　不合格□ 组长评价：　优秀□　良好□　合格□　不合格□ 活动方评价：　优秀□　良好□　合格□　不合格□

任务评价

任　　务	完 成 情 况	体会与启发
1．观看纪录片《永不过时的劳模精神——王进喜》		
2．观看短片《时代楷模——黄大年》		
3．观看央视新闻《第一书记黄文秀：初心不灭，青春无悔》		
4．致敬劳模		
5．对话工匠		
6．实践活动		

项目三　工匠与工匠精神

任务一　工匠精神

学习目标

1．了解新时代工匠精神。

2．掌握工匠精神的传承途径。

情境一　*观看影片《匠心》*

影片《匠心》实际是一部文艺电影，由陆光正担任艺术顾问。它讲述的是青年设计师陆曦和商人方寒冰由于一个古建筑的修复方案，迫不得已前往木雕小镇，而那里就是陆曦的故乡。在重回故乡的旅途中，陆曦在方寒冰的帮助下与祖父和解，重拾家庭温暖，也找到了当下年轻人缺失的“工匠精神”。

情境二　观看影片《那些花儿》

影片《那些花儿》由中共泰州市高港区委组织部和区总工会联合拍摄，意在大力弘扬中国工匠精神，厚植工匠文化基因，培育社会文明风尚。影片以享受国务院特殊津贴的焊接专家、泰州市工匠王海东为原型，讲述了他从学徒工成长为一名专家级焊接高技能人才的故事，反映了工匠精神。

情境三　观看纪录片《大国工匠》

《大国工匠》是 2015 年央视新闻推出的 8 集系列节目。该系列节目讲述了国家高级技师高凤林等 8 位劳动者的人生故事。主要叙述了他们用自己灵巧的双手，在各自的岗位上，始终坚守，匠心筑梦的故事。

学习探究

工匠精神

学习内容	思考与探究
工匠精神，是一种职业精神，是职业道德、职业能力、职业品质的体现，是从业者的一种职业价值取向和行为表现。工匠精神的基本内涵包括敬业、精益、专注、创新等方面的内容。	
敬业是从业者基于对职业的敬畏和热爱而产生的一种全身心投入的认认真真、尽职尽责的职业精神状态。	
精益是指从业者对每件产品、每道工序都凝神聚力、追求极致的职业品质。所谓精益求精，是指已经做得很好了，还要做得更好。	

工匠精神

学习内容	思考与探究
专注就是内心笃定而着眼于细节的耐心、执着和坚持。一旦选定行业，就一门心思扎根下去，心无旁骛，在一个细分产品上不断积累优势，在各自领域成为“领头羊”。	
创新是以新思维、新发明和新描述为特征的一种概念化过程。工匠精神包括追求突破、追求革新的创新内蕴。	

致敬劳模

李 万 君

职高毕业的李万君成了全国技术工人学习的榜样，2016 年荣获“全国优秀共产党员”称号，2018 年被评为“大国工匠 2018 年度人物”，被誉为“工人院士”。

李万君从一个普通焊接工成长为“大国工匠”绝非偶然。他就职于中车长春轨道客车股份有限公司，是我国生产高铁客车的大型企业。父亲李世忠对他的影响巨大。其父曾被中国铁路机车车辆工业总公司评为“劳动模范”，被长春市授予“五一劳动奖章”。李万君从父亲身上学到了爱岗敬业、刻苦钻研、吃苦耐劳的优秀品质。1987 年，年仅 19 岁的他进入长客车间工作。这个车间长年火星四溅，到处弥漫着呛鼻的烟雾，工作环境恶劣。但李万君进入车间工作后沉心静气，从不抱怨，也不退缩，一心苦练技术，磨炼技艺，为之后的发展奠定了坚实基础。

李万君经过几十年的不懈努力，拥有了 6 项国际焊工资格证书和国际焊接技师证书，组织开展技术攻关 100 多项，其中 31 项获国家专利。在李万君眼里，每一个焊件都是完美无缺的艺术品，哪怕焊件存在一处小小的瑕疵，都可能引发重大安全事故。他精益求精，在平凡中超凡，无愧于“大国工匠”的光荣称号。

对话工匠

张 锦 成

张锦成，广西机电职业技术学院2011届电气自动化专业毕业生，玉林市玉柴机器股份有限公司电气维修工，80后新生代技术工人的杰出代表。工作6年间，他立足岗位，以精益求精的工匠精神，练就顶尖技艺，参与世界先进设备智能化改造，树立了行业智能化设备改造标杆。他先后获“广西技能状元”大赛维修电工第一名、“广西五一劳动奖章”“2017年全国智能制造应用技术技能大赛”二等奖、“全国五一劳动奖章”等荣誉。他检修、改造过的设备和机器不计其数。

实践活动

“整理资料”主题劳动教育活动	
活动内容	学会整理办公室文件资料。
活动目标	1．掌握基本的劳动技能、劳动程序。 2．体会劳动艰辛，培养吃苦耐劳的精神。 3．增强责任感，养成做事认真细致的习惯，形成良好的劳动意识。
活动安全	1．活动前进行安全教育。 2．了解相关的操作规程。 3．准备劳动安全防护用品。
活动准备	1．进行劳动体验动员。 2．确定劳动内容。 3．与相关部门协调，安排现场指导教师。
活动过程	1．前往劳动体验场地报到。 2．现场指导教师进行安全教育及劳动安排。 3．现场指导教师对劳动过程进行指导、监控。 4．劳动体验结束，现场指导教师总结并进行评价。
活动评价	自 我 评 价：　优秀□　良好□　合格□　不合格□ 组 长 评 价：　优秀□　良好□　合格□　不合格□ 活动方评价：　优秀□　良好□　合格□　不合格□

任务评价

任　　务	完成情况	体会与启发
1. 观看影片《匠心》		
2. 观看影片《那些花儿》		
3. 观看纪录片《大国工匠》		
4. 致敬劳模		
5. 对话工匠		
6. 实践活动		

任务二　工匠精神的时代特色

学习目标

1．了解工匠精神的历史演变。

2．了解传统与现代融合的新工匠精神。

3．了解工匠精神的时代特色。

情境一　*观看影片《百鸟朝凤》*

《百鸟朝凤》是一部文艺电影，是导演吴天明 2016 年的作品。影片讲述了德高望重的唢呐老艺人焦三爷带领徒弟追求和传承“唢呐精神”的故事。影片在故事情节上没有太大的跌宕起伏，也没有爱恨情仇，但却有对承诺的坚守，对技艺的传承，还有手艺人的执着追求。

情境二　观看纪录片《寿司之神》

《寿司之神》是由大卫·贾柏执导的一部关于寿司的纪录片。现年 86 岁的小野二郎被称为“寿司之神”。他不但在日本厨艺界拥有极高地位，而且其“寿司第一人”的美誉更是远播全球。他毕生都在握寿司，永远以最高标准要求自己和学徒，通过观察客人的用餐状况调整寿司制作工艺。他甚至为了保护制作寿司的双手，不工作时永远戴着手套，连睡觉也戴着。他这种严以律己、一丝不苟、精益求精的工作态度正是工匠精神的体现。

情境三　观看纪录片《了不起的匠人》第二季

《了不起的匠人》第二季延续了第一季的治愈系、现代化、年轻化的风格，以"登场了，东方美"为主题，聚焦东方美学。纪录片通过对蜀锦、古纸、榫卯、松烟墨等匠人的呈现，探索器物包含的深层次文化内涵，展现东方独有的文化韵味，唤起观众对中国文化的认同感和自豪感。

学习探究

工匠精神的时代特色

学习内容	思考与探究
鼓励企业开展个性化定制、柔性化生产，培育精益求精的工匠精神，增品种、提品质、创品牌。[①]	
“工匠精神”作为一种优秀的职业道德文化，它的传承和发展契合了时代发展的需要，具有重要的时代价值与广泛的社会意义。	
培养大国工匠与培育工匠精神是一个系统工程，需要方方面面的共同参与和努力。	

① 2016 年，国务院总理李克强在《政府工作报告》中提到。

致敬劳模

宋　彪

宋彪，1998 年 11 月出生于安徽蚌埠。初中时，宋彪的成绩并不出众，与同为技术工人的父亲促膝长谈后，宋彪给自己定下了明确的目标：走技术之路，拿稳、拿好操作工具。因此，宋彪来到江苏省常州技师学校，学习机械工程模具制造专业。由于初中基础差，宋彪一开始学习比较吃力，经常跟不上进度，但他毫不气馁，咬牙坚持。除此之外，他还经常利用空余时间找教师请教，解决自己学习上遇到的疑难困惑。从此，他更是一头扎进车间磨炼技术，即使满手水泡，也不落下训练。就是在这样的刻苦磨炼下，他很快就在学校技能大赛中崭露头角。2016 年，他以江苏省选拔赛第一名的成绩晋级全国选拔赛，又以第三名的成绩进入国家集训队。

在长达一年的备赛过程中，宋彪每天训练的时间基本都在 10～12 个小时。在如此高强度训练的磨砺下，宋彪的技术日益精进，逐渐成为焊接、车削加工、铣削加工、装配调试等技术全才。世界大赛如期而至，宋彪凭借扎实过硬的基本功、高超的装配技术、过硬的心理素质，一举夺得第 44 届世界技能大赛工业机械装调项目金牌，并以大赛最高分荣获“阿尔伯特·维达”大奖。

龙 飞 燕

龙飞燕，广西机电职业技术学院毕业生。2000 年毕业后进入南宁市八菱汽车配件有限公司，任职 ISO 质量专员。任职期间，她工作兢兢业业，认真负责，很快就得到了领导的肯定。五年时间里协同领导全面推行 ISO9000、QS9000、TS169499 质量体系认证，规范企业管理，使生产过程得到了有效控制，提高了产品质量，从而提升了客户满意度。

2005 年 4 月，龙飞燕进入广西南星科技有限公司工作，先后担任办公室主任、销售经理、总经理助理，负责行政工作，同时兼管生产安排，协助总经理办理购置土地、厂房开工建设及竣工验收等手续。

2012 年，她萌生了自主创业的想法，成立了南宁市安和设备有限公司。

实践活动

“企业实习”主题劳动教育活动	
活动内容	去企业参观、实习，体验劳动过程。
活动目标	1．加深了解企业 6S 文化。 2．体会劳动艰辛，培养吃苦耐劳的精神。 3．熟悉企业工作环境和工作要求，养成良好的劳动习惯。
活动安全	1．活动前进行安全教育。 2．了解相关的操作规程。 3．准备劳动安全防护用品。
活动准备	1．进行劳动体验动员。 2．确定劳动内容。 3．安排指导教师并准备应急药品。
活动过程	1．前往劳动体验场地报到。 2．现场指导教师进行安全教育及劳动安排。 3．现场指导教师对劳动过程进行指导、监控。 4．劳动体验结束，指导教师总结并进行评价。
活动评价	自 我 评 价：　优秀□　良好□　合格□　不合格□ 组 长 评 价：　优秀□　良好□　合格□　不合格□ 活动方评价：　优秀□　良好□　合格□　不合格□

任务评价

任　　务	完 成 情 况	体会与启发
1．观看影片《百鸟朝凤》		
2．观看纪录片《寿司之神》		
3．观看纪录片《了不起的匠人》		
4．致敬劳模		
5．对话工匠		
6．实践活动		

任务三　工匠精神的继承与发扬

学习目标

1．了解工匠精神在职业中的体现。

2．了解当代大学生如何培养工匠精神。

情境一　*观看纪录片《港珠澳大桥》*

纪录片以港珠澳大桥最后一节沉管 E30 的沉放安装过程为叙述主线，全面回顾了港珠澳大桥自 2009 年开工建设以来，中国桥梁建设者们自力更生、艰苦卓绝的奋斗历程。它将大桥主体工程桥、岛、隧道三大部分的设计理念和领先世界的关键技术，逐一呈现在观众面前，引领观众领略港珠澳大桥的人文与科技之美。同时，纪录片聚焦普通劳动者的奉献与担当、智慧和汗水，突出人文情怀，强化故事性，着力塑造了新时代中国劳动人民的工匠精神。

情境二 *观看影片《夺冠》*

《夺冠》由陈可辛执导，由巩俐、黄渤、吴刚、彭昱畅、白浪、中国女子排球队领衔主演。该片于 2020 年 9 月 25 日在中国内地上映。

影片讲述了中国女子排球队从 1981 年首夺世界冠军到 2016 年里约奥运会的“中巴大战”，诠释了几代女排人历经浮沉却始终不屈不挠、不断拼搏的传奇经历。

情境三 *观看纪录片《我在故宫修文物》*

《我在故宫修文物》是由中国中央电视台出品的一部文物修复类纪录片，重点纪录故宫书画、青铜器、宫廷钟表、木器、陶瓷、漆器、百宝镶嵌、宫廷织绣等领域的稀世珍奇文物的修复过程和修复者的生活故事。

纪录片中讲述了青铜组的王有亮师徒、陶瓷组的王五胜和两个 80 后年轻人、钟表组的王津师徒、书画组的杨泽华和同事们辛苦工作，一丝不苟，兢兢业业，修复好一件件文物的故事。他们用自己的实际行动践行了“择一事终一生，不为繁华易匠心。”

学习探究

工匠精神的继承与发扬

学习内容	思考与探究
实现中华民族伟大复兴的中国梦，不仅需要大批科学技术专家，同时也需要千千万万的能工巧匠。更为重要的是，“工匠精神”作为一种优秀的职业道德文化，它的传承和发展契合了时代发展的需要，具有重要的时代价值与广泛的社会意义。	
学生应树立自觉学习、刻苦学习、终身学习理念，认真学习专业知识，努力掌握新技能、增长新本领。这是对当代大学生最基本的要求，关注时事政治、关心国家大事，以及增强社会责任感，是对学生适应社会的要求。培养工匠精神与劳模精神、劳动精神，可以从以下几个方面着手。 首先，学生应努力学习理论知识，提高自身文化素质，端正学习态度，养成良好的学习方法、学习习惯和终身学习的理念，不断拓展自我学习的渠道和途径，增强自身文化底蕴。 其次，树立正确的职业观、劳动观，将工匠精神、劳模精神与劳动精神融入校内实训课程。实训课程是学生步入职场的演练课。 最后，坚持德、智、体、美、劳全面发展，着力培养自身专业品位和审美情趣。在德育培养的过程中，大学生应该对工匠精神的含义有深度理解，端正思想，不断提高个人的职业素养。 总之，工匠精神、劳模精神与劳动精神的培养贯穿于职业生涯的全过程，需要在实践中不断落实，成为一种习惯。	

致敬劳模

邓稼先

1924年，邓稼先出生于安徽怀宁。1947年，邓稼先顺利通过研究生考试，成功取得赴美留学资格。1948年，邓稼先怀揣着学习知识、增强本领、建设祖国的崇高志向，毅然决然地踏上了赴美之旅。留学期间，他刻苦努力，成绩卓越。3年后，邓稼先拒绝了众多邀请和挽留，放弃了优越的生活环境重返祖国。1958年，邓稼先参加了原子弹的设计工作。从此，邓稼先便从公众视野中悄然消失，不是躲进警卫森严的秘密科研院所研究理论，就是在飞沙走石的戈壁滩组织实验。没有资料，他就一边翻译，一边埋头研究搞创新。没有试验场，他就冒着酷暑严寒亲自带队修建。终于在1964年10月16日，我国第一颗原子弹爆炸成功。这标志着我国核武器研究取得了巨大突破，跻身世界前五强。

邓稼先获得过许多荣誉，如“中国科学院院士”“全国劳动模范”“杰出科学家奖”和“两弹一星”功勋奖章等。

对话工匠

黄明晓

黄明晓，毕业于广西机电职业技术学院机械工程系。在校期间，他的技能大赛成绩突出，多次代表广西壮族自治区参加全国大赛。

在校期间，黄明晓是一个勇于担当、敢于挑战、全面发展的好学生。他曾担任学院学生社团联合理事会策划部部长，组织、参与了学院社团理事会的多项重大活动，工作认真努力，策划能力突出，是学生群体中的骨干和教师的得力助手。他曾担任数控技术专业2017级新生的辅导员助理，在任期间热情帮助新生熟悉、适应大学生活，起到了良好的带头作用，成为学弟学妹的学习榜样。他还多次利用课余时间参加志愿者活动、无偿献血活动、职业教育活动周。

他技术能力强，吃苦耐劳，曾参加2017年广西职业院校技能大赛，获得“复杂部件数控多轴联动加工技术”赛项一等奖，还曾代表广西壮族自治区参加全国职业院校技能大赛。他利用暑假时间，克服重重困难，在学校车间吃住，不断加强自己的专业基本功。在2017年举办的金砖国家技能发展与技术创新“复杂部件数控多轴联动加工技术”大赛中，他与搭档获得第一名的佳绩。这也为他之后的竞技之路增强了信心与勇气。2017年，他加入了学院智能制造试点班，继续磨炼专业技能。在2017年全国职业院校技能大赛全国智能制造应用技术技能比赛中，他再次代表广西壮族自治区参赛，在切削加工智能制造单元生产与管控赛项中，成功获得学生组一等奖。通过这次比赛，他也成为为数不多的，在校期间就获取晋升职业技师资格的学生。

2018年5月，新一届全国职业院校技能大赛拉开帷幕，黄明晓再次作为广西代表队选手投入到高职组“复杂部件数控多轴联动加工技术”赛项当中。这一次他再次用实力证明了自己，从28个省市派出的51支代表队中脱颖而出，以全国第三名的优异成绩荣获一等奖。

实践活动

“宿舍内务整理”主题劳动教育活动	
活动内容	学习整理宿舍内务。
活动目标	1．掌握基本的劳动技能、劳动程序。 2．体会劳动艰辛，培养吃苦耐劳的精神。 3．增强责任感，养成做事认真细致的习惯，形成良好的劳动意识。
活动安全	1．活动前进行广泛的安全教育。 2．了解相关的操作规程。 3．准备劳动安全防护用品。
活动准备	1．进行劳动体验动员。 2．确定劳动内容。 3．与相关部门协调，安排现场指导教师。
活动过程	1．前往劳动体验场地报到。 2．现场指导教师进行安全教育及劳动安排。 3．现场指导教师对劳动过程进行指导、监控。 4．劳动体验结束，现场指导教师总结并进行评价。
活动评价	自 我 评 价：　优秀□　良好□　合格□　不合格□ 组 长 评 价：　优秀□　良好□　合格□　不合格□ 活动方评价：　优秀□　良好□　合格□　不合格□

任务评价

任　　务	完成情况	体会与启发
1. 观看纪录片《港珠澳大桥》		
2. 观看影片《夺冠》		
3. 观看纪录片《我在故宫修文物》		
4. 致敬劳模		
5. 对话工匠		
6. 实践活动		

项目四　职业与职业教育

任务一　职业概述

学习目标

1．了解职业和职业规范的相关概念。

2．能在实际生活中运用所学知识分析、解决所碰到的问题。

3．树立正确的职业观，增强敬业意识、服务意识、奉献意识。

情境一　*观看影片《凤仪》*

该影片是由印江土家族苗族自治县黄木镇高石坎林场护林员罗运仙护林的故事改编而来。它完整再现了罗运仙的真实事迹，艺术再现了从荒山秃岭到万亩林海，主人公青丝变白发，不变的是“绿色”梦想和执着信念。罗运仙把一生都献给了自己所热爱的绿色事业，用汗水铸起绿色丰碑。

情境二 *请谈谈自己的看法*

某公司因业务发展需要，从人才市场招聘了王某担任出纳。开始时他还勤恳敬业，公司上上下下都对他的工作感到满意。后来受到同事在股市赚钱的影响，王某也开始涉足股市。可惜事与愿违，王某进入股市后很快被套牢。他急于赚回本金又苦于没有资金，便对自己每天经手的公司现金动了邪念。凭着财务主管对他的信任，他偷偷拿了财务主管的财务专用章在自己保管的空白现金支票上任意盖章取款。每月月底，银行对账单也是王某到银行提取且自行核对，因此在很长一段时间内都未被发现。直至案发时，公司已蒙受了巨大的经济损失。

情境三 *你会怎么做*

某天上午，某供电所张所长将一个红包交到了本单位纪检专员手中。红包里除了 1000 元现金，还有一封信。信中写道：“全村干部、群众一心请求张所长马上实施农网改造，特表示一点心意，请收下吧，这代表着全体村民的心意。”原来由于没有进行网改，该村电网安全隐患较多，因变损等原因造成电价偏高，群众意见较大。村主任、村支书请求电力公司能将该村尽快安排为第三期重点改造村社，还将一个红包塞进张所长口袋。张所长耐心地向村干部解释农网改造的相关政策，坚决不收红包，可怎么也拗不过。无奈之下，张所长只好于第二天一早，将红包当面交给了单位纪检专员。

学习探究

职业概述

学习内容	思考与探究
职业是个人在社会中所从事的作为主要生活来源的工作。 根据《中华人民共和国职业分类大典》，我国职业总体结构分为：大类、中类、小类和细类（职业）四个层次：8 大类包含 75 中类、434 小类、1481 个职业。	
历史上把那些为共同目标工作因而自己变得高尚的人称为最伟大的人物；经常赞美那些为大多数人带来幸福的人是最幸福的人。①	
职业规范是指维持职业活动正常进行或合理状态的成文和不成文的行为要求。这些行为要求是人们在长期职业活动实践中形成和发展起来的，并为大家共同遵守的各种制度、规章、秩序、纪律，以及风气、习惯等。它们有的反映了人与人的关系，如组织观念、劳动纪律、集体准则、人事制度等，这些是属于组织系统方面的；有的反映了职业劳动中人与物之间的关系，如职业劳动的操作规程、安全要求等，这些多属于技术系统方面。	

① 《马克思恩格斯全集》，人民出版社。

职业概述

学习内容	思考与探究
职业规范是保证职业劳动过程中人、财、物、事等因素之间的协调一致和有条不紊的手段。	
我国《公民道德建设实施纲要》提出了职业道德的基本要求，即“爱岗敬业、诚实守信、办事公道、服务群众、奉献社会”。	
推动践行以爱岗敬业、诚实守信、办事公道、热情服务、奉献社会为主要内容的职业道德，鼓励人们在工作中做一个好建设者。	
从“最美奋斗者”到“共和国勋章”，获奖者们无不在各自岗位上取得了非凡成就，在共和国发展征程上立下了不朽功勋。他们身上散发出来的职业之光，充分诠释出以“爱岗敬业、诚实守信、办事公道、热情服务、奉献社会”为主要内容的职业道德。弘扬职业道德，真正做到“干一行、爱一行、钻一行、精一行”，就要在脚踏实地的同时仰望星空，从刻苦工作中领略高尚情操。工作即是事业，事业即是爱好，爱好滋润品德，品德回馈工作。职业价值和职业品德，正是我们参与工作、参与劳动的意义所在。	

刘　沙

刘沙，湖北省襄阳人，际华3542纺织公司纺织女工，先后获湖北省“五一劳动奖章”“湖北好人奖”“全国劳动模范”等奖项和荣誉称号。

2005年，刘沙中专毕业，随即离乡南下赴广东打工。4年后，24的刘沙从广东返回家乡，不久便进入际华3542纺织公司，成为一名纺织工人。就是在这里，她从一个平凡无奇的纺织女工成长为“全国劳动模范”。这段历程，她只用了短短6年。荣誉的背后，是她从不轻言放弃的执着与坚持。

当织布机出现“断经”故障时，熟练工人一般能以一分钟打26个结的速度在40秒内处理完毕，让机器恢复正常运转。刚进工厂的她完全是个新手，缺乏经验，一分钟只能打7个结，远远落后于别人，是带班师傅经常批评的对象。她看在眼里，急在心里，咬牙坚持，向师傅请教要领，默默观察相邻工位工友的手势动作。此外，还在夜里等大家都睡了，默默出门，一个人去练习打结。经过两个月的练习，她已经达到熟练工人的水平，但她并不满足，继续苦心钻研，最终达到了每分钟打36个结的水平。

一个人技术好不算什么，只有大家好才是真的好。2012年4月，她服从厂里的安排，担任操作技术最差的丙班的教练。一上任，她就对丙班所有人的情况逐一进行摸底调查，掌握基本情况后，有针对性地制订了个性化提高计划，进行一对一帮扶。分解操作流程，解析操作要领，面面俱到，细致耐心，最终丙班的技术水平得到了极大提升。

刘沙，是一面飘荡在中国现代化纺织战线上的鲜活旗帜。她扎根在纺织车间，把平凡的事情做到极致，做出了非凡的成绩。

刘 英 佳

刘英佳，广西机电职业技术学院材料专业毕业生。毕业后，刘英佳一直在玉柴重工工作，现任玉柴重工研究院副院长、玉柴重工工艺技术总工程师，是广西壮族自治区技能大师工作室——“刘英佳电焊工技能大师工作室”负责人，是广西焊接工艺技术及操作技能顶尖的技术人员。

多年来，刘英佳积极开展课题研究。凭借高超的技能水平、良好的职业道德和丰富的实践经验，他先后荣获“广西技能大奖”“广西技术能手”“玉柴突出贡献奖”“玉柴金牌工人”“玉柴拔尖技师”“玉柴十大杰出青年”“玉林市第一批首席技师”等荣誉。并且，他还先后获得20多项区级及以上项目奖励和6项国家实用新型专利。其中“液压挖掘机动臂体制造技术开发与应用”获“第四届全区职工优秀技术创新成果奖”三等奖；“焊接变形免矫正技术的应用”获“中国机械工业工人技术创新成果奖”三等奖；“提高挖掘机动臂体加工效率及质量”获“中国机械制造工艺科技成果奖”二等奖。他培训的众多徒弟也先后荣获市级、区级电焊工技能大奖。

实践活动

“走进田园”主题劳动教育活动	
活动内容	走访养殖场，喂养畜禽。
活动目标	1. 掌握基本的劳动技能、劳动程序。 2. 体会劳动艰辛，培养吃苦耐劳的精神。 3. 增强责任感，养成做事认真细致的习惯，形成良好的劳动意识。
活动安全	1. 活动前进行广泛的安全教育。 2. 了解相关的操作规程。 3. 准备劳动安全防护用品。
活动准备	1. 进行劳动体验动员。 2. 确定劳动内容。 3. 与相关部门协调，安排现场指导教师。
活动过程	1. 前往劳动体验场地报到。 2. 现场指导教师进行安全教育及劳动安排。 3. 现场指导教师对劳动过程进行指导、监控。 4. 劳动体验结束，指导教师总结并进行评价。
活动评价	自 我 评 价：　优秀□　良好□　合格□　不合格□ 组 长 评 价：　优秀□　良好□　合格□　不合格□ 活动方评价：　优秀□　良好□　合格□　不合格□

任务评价

任　务	完成情况	体会与启发
1. 观看影片《凤仪》		
2. 请谈谈自己的看法		
3. 你会怎么做		
4. 致敬劳模		
5. 对话工匠		
6. 实践活动		

任务二　职业素养教育

学习目标

1．了解职业素养的含义、特点及产生背景。

2．能在工作中坚守良好的职业素养。

3．培养学生的集体主义精神和为人民服务意识。

情境一　*观看影片《柴生芳》*

该影片是根据柴生芳同志的生平事迹改编而来。柴生芳是北京大学 1990 届本科校友，生前是甘肃省临洮县第一位博士县长。

影片从主人公艰苦奋斗、勤政务实、访贫问苦、精准扶贫、化解民怨等多个角度，真实再现了柴生芳同志对党忠诚的政治品格，一心为民的公仆情怀，勇挑重担的担当精神，清正廉洁的优良作风，鞠躬尽瘁的高尚情操。

情境二　*请谈谈自己的看法*

邓艳芬是一名邮递员，她负责的片区从未出现过报刊和邮件积压、延误的现象。每当遇到“原址查无此人”的疑难信件时，她不是简单地按规定一退了之，而是利用休息时间认真核对准确的地址和门牌，多方询问查找，直到准确投递。她本着这种认真负责的工作态度共让 175 封“死信”起死回生，送到收件人手中。10 年中她共投递报刊、信函 250 多万件，无一差错、无一丢失损毁、无一安全事故，实现“零差错、零投诉”。她还经常上门关心和帮扶老人，无偿为困难老人送快递。自担任信息员以来，她每天的工作时间达 10 个小时以上，每个月处理的邮件多达三万件，处理客户投诉工单多达 500 条，负责监督部门的服务质量和重要指标，还协助同事开发两个协议大客户，月交寄邮件量达到 4000 多件。2019 年，营业部包裹妥投率达 95% 以上，各项 PKA 指标均达标。春节、双十一、双十二等包裹投递旺季，除了完成好本职工作以外，她还协助同事一起加班夜投包裹，为晚归的同事热好饭菜，为中午不能赶回单位吃饭的同事送饭。此外，邓艳芬还积极参加员工济困互助，为困难员工捐款等爱心活动。前几年，她又通过邮局汇款，默默地捐助了一名失学儿童，助其重返校园。

情境三　*你会怎么做*

一个冬天的夜晚，某工厂领导和全厂工人都在焦急地盼望着某物流公司的一个快件，他们等待着一个重要配件来恢复生产。可当晚大雾弥漫，机场有很多航班晚点，因此飞机上的快件也迟迟不能落地。急客户之所急，是该物流公司员工一贯坚持的信条，虽然物流公司员工提货时已是晚上八点，早已过了下班时间，但该公司的两位工作人员还是克服了所有困难，在晚上十点将快件顺利送到客户手中，尽最大努力保证了工厂及时恢复生产。

学习探究

职业素养教育	
学习内容	思考与探究
任何一种职业都是职业职责、职业权利和职业利益的统一体。既然职业对于每个人而言有着如此重要的意义，那么，我们就没有理由轻视或者漠视它，而应该以虔敬之心对待它，这就是基本的职业素养。	
简言之，职业素养是职业人在从事职业中尽自己最大的能力把工作做好的素质和能力，它不是以这件事做了会对个人带来什么利益和造成什么影响为衡量标准的，而是以这件事与工作目标的关系为衡量标准的。更多时候，良好的职业素养应该是衡量一个职业人成熟度的重要指标。因此，职业素养是学生发展成为职业人所必需的基础。	
职业素养具有十分重要的意义。从个人的角度来看，适者生存，个人缺乏良好的职业素养，就很难取得突出的工作业绩，更谈不上建功立业；从企业的角度来看，唯有集中具备较高职业素养的人员才能实现求得生存与发展的目的，他们可以帮助企业节省成本，提高效率，从而提高企业在市场的竞争力；从国家的角度看，国民职业素养的高低直接影响着国家经济的发展，是社会稳定的前提。	

职业素养教育

学习内容	思考与探究
职业素养是一个人接受知识、技能的教育和培养，并通过实践磨炼后逐步养成、内化、积淀和升华的结果，是一个人能做什么、想做什么和如何做的内在特质的组合。	
职业素养包括职业理想、职业意识、职业精神、职业态度、职业规范、职业准则、职业习惯、职业形象、职业技能等多方面的内容。其中，职业理想、职业意识、职业精神、职业态度、职业规范、职业准则、职业习惯、职业形象是职业素养中最根本的部分，属于世界观、价值观、人生观范畴，需要在人一生的生活和工作中逐步学习而形成、完善；而职业技能是支撑整个职业的内容，是任职的最基本条件之一。	
职业意识是作为职业人所具有的意识，是人们对职业劳动的认识、评价、情感和态度等心理成分的综合反映，是支配和调控全部职业行为和职业活动的调节器，它包括责任意识、顾客意识、全局意识、自律意识、保密意识、学习意识等方面。	
职业精神可以帮助一个人实现人生价值，需要从业者以职业为本，重塑信仰；爱岗敬业，专注学习；团队协作，维护和谐；主动思考，在工作中创新。 一个人的职业态度可以决定其职业发展，在工作中，忠诚胜于能力；应该时刻保持责任心，提高事业心；按照岗位要求履行职责，方可获得他人尊重和事业成功。	

职业素养教育

学习内容	思考与探究
衡量一个职业劳动者是否是优秀的，有许许多多的素质要求，能力、勤奋、积极、正直、有责任感等。但有一点是肯定的，企业更愿意信任那些拥有忠诚度的人，即使他的能力稍微差一些。	
好的职业习惯是一个人事业成功的保障。在工作中应先做最重要的事，养成事先计划的习惯，学会分析问题，善于向他人学习，友善地与人沟通。	
“沟通”一词在我国汉语中的解释为“使两方面能够通连”。人是生活在社会中的人，我们不可能脱离人类社会而独立地生存，这一点是不争的事实。既然我们必须生活在社会中，就不可避免地要和其他人进行交流和沟通，而友善的交流方式将有助于我们从他人那里获取更多的信息和经验。	

孙伟、汪仕洋

孙伟、汪仕洋都是黄山学院 14 级园林专业的学生。2016 年 6 月，两人组队参加黄山市选拔赛获得第一名；同年 7 月，以省选赛第三名成绩获得安徽省集训队名额；同年 9 月，以全国选拔赛第二名成绩进入国家集训队。

在集训期间，每日的训练必不可少，烈日当空，选手在集训场地持续劳作 4～5 个小时，汗流浃背，灰头土脸是常态。这是中国首次参加世界技能大赛园艺项目的比赛，在毫无前例可循的状况下，如何组建最优秀的队伍，是当时集训专家团面临的最棘手的问题，随后戏称为“土办法”的选拔方法应运而生。8 分钟限时搬运石块堆至 50 米处，然后垒石成墙，重点考察搬运及垒石效率；紧接着是穿针训练，限时 2 分钟，同样考察效率；然后做纸盒测试，一人一块硬纸板，需要在规定时间内做出一个盒子，着重考察纸盒的面积和稳定性……除此之外，集训专家团还会对选手进行审美与设计、体力与定力方面的集中培训。在这样日复一日的训练下，孙伟、汪仕洋的专业技能和心理素质不断提升，最终脱颖而出，取得代表国家参赛的资格，远赴阿布扎比，参与第 44 届世界技能大赛园艺项目比赛。

“一朝入土坑，十年出不来。”这是赛后接受采访时，孙伟的自我调侃，但却道出了园林专业的实情：与土作伴，与沙为乐，做一个地地道道的“土人”。也正是这种甘做“土人”，与沙土为伴的韧劲与毅力，让他们一路披荆斩棘，过关斩将，勇夺第 44 届世界技能大赛园艺项目铜牌，为祖国争得了荣誉。

对话工匠

宁 云

宁云，广西机电职业技术学院焊接技术与工程2003级毕业生。由于其在校期间刻苦努力、表现突出，毕业后就入职柳州柳工挖掘机有限公司。宁云在公司主要从事焊接方面的工作，并不断提高自己的专业技术水平和操作技能，超额完成了领导安排的各项工作任务。由于工作表现突出，他现在主要负责机器人的编程、管理、保养，并处理故障等相关工作。

宁云编写了《焊接机器人操作指导书》《机器人上岗前认证的实际操作的和理论试题》《机器人保养指导书》《机器人点检表》，统计了机器人易损件清单和易损件更换周期等。近五年来，宁云带的徒弟共有28人，主要传授他们焊接机器人操作、机器人保养、焊接技能等方面的知识。在宁云的带领下，他们都已经可以独立编写机器人程序，熟练焊接机器人和解决机器人出现的相关故障。近年来，宁云改善的产品共有 67 个，总改善效益达127872.5元。

业精于勤，荒于嬉。宁云明白，无论何时都不能停下自己奋斗的步伐。通过选拔赛的层层选拔，宁云表现突出，得以选派到德国参加“机器人焊接工艺”的培训。通过到科研机构、大学、企业中学习，他不仅了解到中国与德国的焊接差异，还学到了各种最新的焊接知识、技能，也提高了宁云在机器人编程方面的技能。从德国学习回来后，他还把先进技术分享给员工，如德国品质管理，新技术的应用，先进思想、理念，德国培训机制等。宁云将这些年所学运用于工作中，使自己的机器人编程水平得到很大提升，也让柳州柳工挖掘机有限公司的焊接质量得到了很大的提高。

宁云说，是广西机电职业技术学院培养、成就了他，柳州柳工挖掘机有限公司给了他施展才能的平台和机会。他感恩母校，祝愿母校越来越强大，为社会培养出更多的人才！

实践活动

“职业素养案例展示”主题劳动教育活动

活动目标	1. 理解在工作中拥有职业素养的重要性。 2. 通过各种方式收集发生在我们身边的正反两方面的真实职场事例，并进行分析。 3. 能积极主动地培养职业素养，增强服务意识，塑造诚信、公道的品质，感受奉献社会的快乐。
活动准备	1. 设计并印发《小组自主学习活动评价表》（附表-1）。 2. 全班分成爱岗敬业组、诚实守信组、办事公道组、服务群众组、奉献社会组，每组推选出组长。
活动过程	1. 自主学习阶段，学生在组长的带领下自主学习、收集案例，组长汇总组员的学习成果，制作 PPT，商议展示方式。 2. 展示成果阶段，每位学生要写 100 字以上的感悟，组长负责汇总；各小组派代表汇报本组成员制作的 PPT；学生自由畅谈自己在整个学习过程中的感受、体会或收获。 3. 教师评价阶段，教师根据各小组的成果展示情况，适当进行知识的归纳和提升。
活动评价	详见“附表一”。

附表一

小组自主学习活动评价表

环　节	内　容	评　分
自主学习	1．学习态度（5 分）。 2．参与度（5 分）。 3．团队合作性（10 分）。	
展示成果	1．课件具有完整性（5 分）。 2．内容具有条理性（15 分）。 3．案例选择具有典型性、深刻性（20 分）。 4．表达具有流畅性（15 分） 5．展示方式具有新颖性（5 分）。	
文字作业	对组长汇总的文字材料评分（20 分）。	
总分	满分 100 分。	

任务评价

任　　务	完成情况	体会与启发
1．观看影片《柴生芳》		
2．请谈谈自己的看法		
3．你会怎么做		
4．致敬劳模		
5．对话工匠		
6．实践活动		

任务三　职业养成的方法

学习目标

1．要求学生了解职业养成，理解职业养成的重要性，掌握职业养成的途径和方法。

2．能通过对生活中正反两方面事例分析，说明职业养成对个人成长和事业发展的重要作用，并自觉地加强训练。

3．提高职业养成训练的自觉性，在实践中培养良好的职业道德行为，形成高尚的职业道德品质。

情境一　*观看影片《焦裕禄》*

该影片以焦裕禄的故事为原型，真实呈现焦裕禄担任兰考县委第二书记时的真实事迹。为改变兰考县贫穷落后的面貌，他深入基层，访贫问苦，制订治理肆虐兰考县百年之久的风沙、水涝、盐碱“三害”的方案。他不顾肝脏经常胀痛，在治理“三害”第一线坚持工作。不久，兰考县又遇特大水灾。焦裕禄强忍肝痛，牺牲在抗灾第一线。

情境二 *请谈谈自己的看法*

曾备受社会广泛关注的吉林中百商厦“2·15”火灾惨剧，竟是因商厦一名雇员随手扔出的一个没有摁灭的烟头而起。烟头引燃了仓库，结果大火烧死 54 人。这名火灾肇事者最后被判刑 7 年。法院宣判前，他向记者说：“如果世界上有后悔药，就是用我的命去换，我也干，哪怕因此仅能挽救一个在火灾中丧生的人也值得……枪毙我都活该。”偶然性里总是有其必然性。在火灾发生前，消防部门就发现该商厦存在一些安全隐患，并就此向中百商厦下达了《责令限期改正通知书》，但中百商厦的主要负责人并未重视和逐一落实。

情境三 *你会怎么做*

有一对夫妻经营了一个小酒店，因酒香味美、价格低廉，生意还算兴隆。一日，丈夫外出办事，仅妻子一人在家经营。过了一些日子，酒剩得不多了，可是每天来的顾客却很多。怎么办呢？妻子灵机一动，往酒缸里倒进不少水。几天后，丈夫回来了。妻子高兴地把这件事告诉了他，并说从中赚了许多钱。没想到，丈夫一听完就号啕大哭。

妻子感到奇怪，为什么赚了钱还哭？丈夫说：“你把咱们家最值钱的东西给卖了！”妻子更诧异了：“我卖什么最值钱的东西了？”丈夫说：“你把咱们家多年苦心经营才得来的最宝贵的信誉卖了呀！今后咱们的日子可怎么过呀！”

学习探究

职业养成的方法

学习内容	思考与探究
职业素养的养成，是一定的职业要求和规范在从业者个体身上的内化，是从业者生理和心理结构及潜能向着一定社会职业对人的行为要求与规范的定向发展与开发，是一个动态过程。	
职业素养的提升离不开实践主体与客体在社会实践活动中的交互作用，更离不开实践主体的主观意识能动性对外部客观世界的能动作用。因此，学生要提升职业素养首先要积极参与社会生产、生活的实践活动，在实践中积极发挥自身的主观能动性，形成正确的职业认识、健全的职业意识、正确的职业价值观念、优秀的职业技能及良好的职业道德、职业法律和职业心理。	
对于个人而言，职业素养最直观的意义是极大提升自身就业竞争力，在就业过程中占据有利地位。职业素养的良好与否，能够很大程度上决定一个从业者工作业绩的好坏程度。	
对于企业而言，只有不断吸引和汇聚具备良好职业素养的人才，才能日益实现企业的根本发展目标。这些具备良好职业素养的人才加入企业后，一方面能够帮助企业节省人力成本，提高整体运转效率，进而提高企业的市场竞争力；另一方面，个人也能施展个人才能，实现自己的理想抱负，取得双赢的局面。	

职业养成的方法

学习内容	思考与探究
对于整个国家而言，国民的职业素养水平直接关系到国民经济的发展。因而，职业素养教育的重要性不言而喻。然而，当前职业素养的缺失仍较普遍地存在，有相当数量的学生未意识到职业素养对个人职业生涯的重要性。这也是当下高校关注的重点和着力解决的难点。为此，高校深入结合学生实际，创新教学方式，着力不断加强学生的职业素养教育。	
职业意识的培养旨在个人对今后的职业生涯有所规划，清楚地认识自身的优势与劣势。个人从自身实际出发，结合就业市场需求及社会资源等外部环境因素，确定自身未来发展方向以及未来从业范围，明晰未来职业生涯的奋斗目标。	
高校要持续契合社会发展需求和专业发展需求，统筹兼顾，不断革新教学方式和各专业学生培养方案。要注重夯实学生专业基础，充实知识储备，优化知识结构，磨炼实践能力，进而培育学生良好的学习意识和习惯。	
高校在学生职业素养培育过程中要有的放矢，重点关注职业道德、职业态度、职业作风等核心组成要素，注重责任意识、集体意识、合作意识等。这是职业素养教育的重中之重，不可轻描淡写、一笔带过。	

致敬劳模

刘 振 华

谈起麻风病人，很多人望而生畏，然而刘振华却把数十年的美好时光，无怨无悔地奉献给了这些病人，用爱照亮了他们的人生。1977 年 7 月，22 岁的刘振华被分配到济南市皮肤病防治院，先后担任该院麻风病房住院部主任、护士长、院长助理。她先后获“济南市百名优秀护士”“济南市劳动模范”“山东省优秀党员”等荣誉称号。2005 年 6 月，刘振华荣获国际红十字会授予的护理界最高奖——南丁格尔奖。

从业以来，刘振华认真专注，努力钻研麻风病的防治、康复知识，并积极应用于日常工作中。她热心地把自己掌握的康复保健知识及时传授给病人。同时，她还努力将自己所学和实践经验撰写成多篇论文，很多都在国家级专刊上发表了。她每天都要忍着刺鼻的臭味，认真清创换药，认真观察、研讨、拍片，临床治疗效果很好。

数十年来，刘振华始终严格要求自己，尽职尽责，所有脏活、累活，她都默默地干。当病人出现急躁和消极情绪时，她都会耐心疏导，给很多几近绝望的病人带去了希望。每当听说她要调到另一个岗位时，病人们都联名写信挽留她。

刘振华在平凡的岗位上数十年如一日，细致入微地照顾每一位麻风病人，发自内心地关心他们。她身体力行地彰显了新时代劳动者的光辉风采，是广大劳动者的学习典范。

对话工匠

赖 业 伟

赖业伟，广西机电职业技术学院机电一体化专业毕业生，现任上汽通用五菱河西整车工厂维修车间维修工段长。2018年成为受表彰的10名“柳州工匠”中最年轻的一位。

赖业伟性格亲善、英俊帅气，不熟悉的人很难将他这样的年轻人与“工段长”“工匠”等身份联系在一起。身边的同事亲切地称呼他为“赖技”。

刚从学校毕业的他还是一个技术小白，在工作之前，他从未接触过工厂生产流水线，一进入公司，那些自动化的“大块头”一下子就吸引了他。怀抱着无限的求知欲，他以巨大的热情开启了普普通通的维修工实习生活。他每天穿着那身“蓝精灵”套装穿梭于需要他的地方，用高超技术，把一台台设备维护管理得井井有条。

如今，他已是西总维修工段长。在西总车门线改造项目中，他和团队利用三个月的时间，将设备故障率由3.3%降到1.6%，再降到0.34%，问题关闭率达到91%，减少的故障时间可以让车间每月多生产约100台车。几年来，他在各式各样的技能比赛中获得了不少荣誉。2014年和2015年连续获得公司维修电工第一名，并荣获公司“优秀技术能手”称号；2016年获“广西技能状元”大赛第二名；2016年被授予“广西技术能手”荣誉称号；2016年获得柳州市维修电工比赛第2名；2016年获得SGMW五菱工匠奖。

屡创佳绩的他仍然在不断追求创新，他总是主动应用前沿技术。其中，RGV非接触式取电技术已经申请专利，该技术的应用，有效解决了传统轨道式取电可靠性差、安全性差、可维护性差、能耗高的问题，极大地简化了电路系统，降低了成本，为设备智能化提供了重要保障。除此之外，他还参与研究视觉技术在玻璃涂胶机器人上的应用，解决了以往机器人轨迹仿形造成的涂胶质量差、有偏差、漏水等问题。

赖业伟主动带徒培训，由浅入深、循序渐进地教导徒弟，他用自己的行动诠释着“不吝授业、薪火相传”的真谛。目前，他的三名徒弟在班组上均可独当一面，是工段设备维修的主力军，且在各项技能竞赛中也取得了不俗的成绩。

实践活动

“教室 6S 管理”主题劳动教育活动	
活动内容	学习并遵守教室 6S 管理。
活动目标	1．掌握基本的劳动技能、劳动程序。 2．体会劳动艰辛，培养吃苦耐劳的精神。 3．增强责任感，养成做事认真细致的习惯，形成良好的劳动意识。
活动安全	1．活动前进行广泛的安全教育。 2．了解相关的操作规程。 3．准备劳动安全防护用品。
活动准备	1．进行劳动体验动员。 2．确定劳动内容。 3．与相关部门协调，安排现场指导教师。
活动过程	1．将教室中的物品分为有必要的和没必要的，留下有必要的物品，清除没必要的物品。 2．把留下来的物品，依规定位置摆放，并加上标签。 3．将教室打扫干净，保持教室干净、明亮。 4．经常保持教室处于干净、美观的状态。 5．每位学生应养成良好的卫生习惯，并遵守这一习惯。 6．学校应重视学生的安全教育，在教室内也要有“安全第一”的观念。
活动评价	自 我 评 价：　优秀□　良好□　合格□　不合格□ 组 长 评 价：　优秀□　良好□　合格□　不合格□ 活动方评价：　优秀□　良好□　合格□　不合格□

任务评价

任　　务	完成情况	体会与启发
1．观看影片《焦裕禄》		
2．请谈谈自己的看法		
3．你会怎么做		
4．致敬劳模		
5．对话工匠		
6．实践活动		

项目五　创新创业教育

任务一　创新创业

学习目标

1．了解创新创业。

2．掌握创新能力、创业意识的培养途径。

3．理解创新创业教育与素质教育、专业教育的关系。

情境　*认识中国“互联网+”大学生创新创业大赛*

中国“互联网+”大学生创新创业大赛，每年举办一次。自 2015 年开赛以来，截至 2020 年，共举办过 6 届。目前，大赛已覆盖全国，面向全体高校学生。经过 6 年的发展，大赛已经成为深化产教融合、促进产业转型升级的重要平台，如第五届中国“互联网+”大学生创新创业大赛，提交融资意向的项目共计 284 个，仅线上达成投资意向金额就达 4.8 亿元。整个赛事期间，累计达成 406 个投资意向，共计金额超过 17 亿元。

“互联网+”大学生创新创业大赛旨在响应国家创新驱动战略，顺应创新创业大潮，助推高校人才培养改革和质量提升，进一步激发大学生的创造力和创新精神，提高大学生就业质量，促进学生就业工作，逐步实现由充分就业向优质就业目标的转变。

学习探究

创新创业	
学习内容	思考与探究
创新引领未来，创业造就梦想。创新创业使自我价值得到了体现与升华，催生了新业态、新经济、新模式、新职业，引领了新的就业潮流。 在宽松的创新创业环境中，作为职业院校的学生应该注重培养自己的动手能力，多参与劳动教育活动和手工操作活动，增强创新意识；注重提高文化水平，能够自学创新知识，积极探索；重视精神教育，明确社会责任，树立远大理想；为实现创业理想，应做到踏实做事，弘扬“敢为人先、追求创新、百折不挠”的创业精神。	
创新是创业的基础和前提。创新是一种思维的转变，强调的是开拓性与原创性；而创业是创新的表现形式，是创新的体现，即通过实践行动来获取利益。创新创业是以创新的思维在市场中创造出新的产品（品牌）或服务，开启新的商业模式和新的工作途径，从而实现某种追求和目标。创新创业又区别于传统创业，它打破了人们对创业的现有认知，在知识、技术、管理、服务等方面开创新的局面。创新创业会面临比传统创业更高的风险，但也能够获取更多的竞争优势，带来更大、更多的新价值，同时，获得更大的回报。	

创新创业

学习内容	思考与探究
根据现在职业教育体系的发展要求，专业人才培养质量标准是人才培养的核心文件，是提高人才培养质量的重要保障。随着创新创业教育的不断推行深入，人才培养方案要结合自身优势和特色，着力培养“基础实、素质高、能力强”的创新创业人才，将人才培养的核心由传统的知识传授向提高学生综合能力培养转变，从而提高人才培养的质量。	
整合现有各专业课程的创新创业教育资源，组建线上、线下课程，构建专业能力与创新创业能力并重的课程体系，满足学生求知需求。根据学生对创新创业知识的不同需求和创新创业实践的特点，将通识课程和专业课程深度融合，探索构建创新创业教育课程群，对学生因材施教，分类指导。将第一课堂和第二课堂相结合，将创新创业教育贯穿第一课堂教学，通过创新创业能力的培养推动第二课堂建设，从创业精神、创业知识、创业能力三个层面为学生提供专业教育，激励学生创业的兴趣和热情，在“到达”和“体验”的过程中增强创业能力的提升。	
实现校内实验实训教学资源开放共享，建设校内众创空间，构建创新创业服务平台，为学生创新创业提供企业注册，管理、法律、融资、专利等咨询服务和市场资源对接等服务，促进创新创业成果落地转化。	

致敬劳模

罗　阳

当看到我国第一艘航母“辽宁舰”在蓝色海洋上乘风破浪航行时，当看到航母甲板上英姿飒爽的歼 15 舰载机直飞云霄时，我们不得不想起共和国航空工业的脊梁——罗阳。

罗阳出生在军人家庭，从小就立下报国为民的伟大志向。1978 年，他以优异的成绩考取了自己喜欢的北京航空航天大学，开启了飞行器设计与制造的人生之旅。罗阳深知我国航空制造工业相对落后，战机飞到天上有可能还没有看到敌人就被击落，因此，要保家卫国就必须制造出世界一流水平的先进战机！为此，罗阳发奋学习，大年三十家家户户亲人团聚时，他还在学校里刻苦钻研。参加工作后，他花了 20 年时间研究飞行器设计，又花了 10 年时间指挥战机制造。他担任沈阳飞机工业有限公司的董事长，同时担任歼 15 舰载机工程总指挥，克服了设计、制造与试飞中的重重困难，为我国航空工业迅速崛起披肝沥胆、鞠躬尽瘁。从歼 15 舰载机的图纸设计到飞机制造，当飞机从“辽宁舰”航母强劲起飞到准确地降落，都凝聚着罗阳同志的艰辛付出。

罗阳是“辽宁省劳动模范”，是“航空报国金奖”获得者，2012 年被中央电视台评为“感动中国”人物。

对话工匠

彭祥华

“木匠”“杀猪匠”“大国工匠”，看似风马牛不相及，而重庆汉子彭祥华却集于一身。他先后荣获中华全国铁路总工会“火车头奖章”、中国中铁“十大专家型工人”称号和“全国五一劳动奖章”。

1969年，彭祥华出生在重庆铜梁农村。25岁时，他进入中铁二局二公司做木工，因为表现出色，很快成了木工班长。但这些成绩并没有让他沾沾自喜、停滞不前，而是再接再厉，不断学习，提升自己。1997年，他参与了朔黄铁路建设，也就是那个时候，他接触到了隧道爆破技术。于是，他一边努力完成自己承担的木工工作，一边抓紧时间苦学爆破技术。

为了尽快掌握爆破技术，他起早贪黑，从零学起。凭借勤学多思、刻苦钻研的劲头，彭祥华很快掌握了基本技术，并在不断钻研创新的基础上在隧道爆破领域独当一面。川藏铁路拉林段项目中，针对软岩变形、隧道涌水等施工难题，彭祥华提出了多种创新施工工艺，极大地降低了人工作业量，提前8个多月完成工期，为国家节约资金约2000万元。

自参加工作以来，彭祥华的足迹遍布全国各地，经历了上万次的爆破，解决了上千个技术难题。多年来，作为业内知名的爆破专家，彭祥华拒绝了很多公司几十万元年薪的邀约，依然奋战在爆破一线，无论天南海北，只要祖国需要的地方，他从不缺席。

实践活动

“网络直播销售”主题劳动教育活动	
活动内容	学习直播销售技巧。
活动目标	1．学会产品描述方式，即“产品特征+产品优势+粉丝利益+赋予情感”。 2．熟悉产品特征，可以使用陈述句，对产品的独特成分或功能进行说明。 3．阐述产品优势，可以基于产品特征，站在产品角度阐述其优势。
活动安全	1．联系产品经销商，取得对方信任后获取网络店铺地址。 2．了解产品质量、产品价格、发货周期、运费、质保等相关问题。
活动准备	1．准备直播所用的产品的样品，尽量多准备几种。 2．制作直播间的背景图。 3．准备手机支架、补光灯、产品陈列台（可用课桌代替），以及至少两部手机用于现场直播。 4．准备直播所需台词。 5．确定活动场地，如教室、录播室、演播室、摄影棚等。
活动过程	1．由主播介绍产品，应能够正确介绍产品属性和各种优惠活动。 2．主播助理在直播过程中根据主播的解说，协助展示商品的特征。 3．宣传组应随时发布直播情况，利用各种渠道吸引消费者。 4．后勤组保证直播过程中样品充足，并在讨论区公布产品链接。
活动评价	自 我 评 价：　优秀□　良好□　合格□　不合格□ 组 长 评 价：　优秀□　良好□　合格□　不合格□ 活动方评价：　优秀□　良好□　合格□　不合格□

任务评价

任　务	完成情况	体会与启发
1. 认识中国“互联网+”大学生创新创业大赛		
2. 致敬劳模		
3. 对话工匠		
4. 实践活动		

任务二　认识“大众创业，万众创新”

学习目标

1．了解“大众创业，万众创新”政策的提出。
2．理解“大众创业，万众创新”的重要性。
3．学习大学生创业典型案例。

情境　*了解广西众创示范基地*

广西众创示范基地于 2015 年 12 月对外开业，始终秉持“政府搭台、团队导演、企业唱戏、社会共享”的建设运营理念。基地自成立以来，近 300 个创业项目入驻基地，有超过 10 亿元注册资金，累计近 3 亿元营业收入，提供超过 1 万个专、兼职岗位，先后举办各类创业创新活动近 200 场，超过 10 万人次参与。5 年来，基地积极开展项目输送，先后向社会输送了大量本土优秀大学生创业项目，发挥了引领模范作用。

广西众创示范基地深植广西本土传统产业，服务全区，引领全区，积极统筹和调动创新创业要素，深度挖掘和整合众多有利资源，大力扶持小微企业快速发展，努力构建广西创新创业新生态。基地曾先后获得“全国青年创业示范园区”“全国创业孵化示范基地”等荣誉称号。

学习探究

认识“大众创业，万众创新”

学习内容	思考与探究
2014 年 9 月，李克强总理在夏季达沃斯论坛上发表重要讲话。提出“要借改革创新的‘东风’，推动中国经济科学发展，在 960 万平方公里土地上掀起‘大众创业’‘草根创业’的新浪潮，形成‘万众创新’‘人人创新’的新态势。”这是“大众创业，万众创新”的源头。此后，国务院从资金链、创业创新链、产业链、就业链几个维度，推出了多项支持创业创新的普惠性政策扶持体系。2015 年 6 月 16 日发布的《国务院关于大力推进大众创业万众创新若干政策措施的意见》指出，推进大众创业、万众创新，是培育和催生经济社会发展新动力的必然选择。推进大众创业、万众创新，是发展的动力之源，也是富民之道、公平之计、强国之策，对于推动经济结构调整、打造发展新引擎、增强发展新动力、走创新驱动发展道路具有重要意义，是稳增长、扩就业、激发亿万群众智慧和创造力，促进社会纵向流动、公平正义的重大举措。①	
在“大众创业，万众创新”的背景下，高校积极主动开展创新创业教育，不仅能帮助大学生培养创新创业思维，提高综合素质，还可以让大学生了解当前的就业形势，改变大学生对就业的思维方式，树立正确的就业观、择业观。因此，推进“大众创业，万众创新”，对缓解社会就业压力具有重要的现实意义。	

① 《“大众创业，万众创新”激荡中国大地》，人民网。

认识“大众创业，万众创新”

学习内容	思考与探究
推动“大众创业，万众创新”是实现经济良性快速发展的有利措施，是构建现代经济体系的战略支撑，也是富民之道、公平之计、强国之策。实施创新驱动已经成为国家发展战略。推进“大众创业，万众创新”是激发社会发展新动力的必然选择。创新型国家建设需要不断实现科技创新、制度创新，深化科技体制改革，把技术创新作为经济社会发展的核心动力，培养一大批具有国际水平的科技人才。同时，企业应成为技术创新决策、研发投入、科研组织和成果转化的主体。因此，学习借鉴国外成功经验，总结国内经验，抓住国际创新发展的机遇和潮流，推进“大众创业，万众创新”，具有重要的理论意义和现实意义。	
伴随着创新创业政策的优化及市场的开放，出现了越来越多的草根创业和基层创业，创新创业从精英走向大众，成了一种价值取向、生活方式和时代气息。近年来，各地高校涌现出许多创业项目、创业孵化基地、创客空间，营造了浓厚的创业氛围。对于大学生来说，他们普遍希望通过创业教育来提升自己，实现自己的人生价值。因此，在“大众创业，万众创新”的背景下，教师在高等教育教学过程中注重培养学生的实践能力和个性发展。学生学习创业知识，参与创业实践活动，不仅有利于全面提升自身综合素质，还有利于激发学生勇于探索、勇于实践的精神。	

致敬劳模

刘　勇

他出身机修钳工，却被称为技改专家。他从一名普通工人成长为精通机修、模具、工装夹具的工程师。他就是刘勇，重庆宗申航空发动机制造有限公司样件工程师。

1982年，17岁的刘勇进入原重庆柴油机配件厂，成为一名机修钳工。经过不断的摸索成长，到20世纪90年代初期，刘勇已经成为机修组中年龄最小的组长，厂里的技术骨干。2007年6月，刘勇加入宗申集团，成为一名模具维修工。2010年，公司发现当时生产的一款摩托车点火系统不太稳定，原因在于生产环节中缺少一个工装夹具。经过反复试验，刘勇花了半个月时间研发出CG125曲轴压装机夹具，解决了这一问题。2013年，以他名字命名的“重庆市刘勇首席技师工作室”获得授牌。2016年，宗申集团又成立了“刘勇劳模机修创新工作室”。同年，宗申集团加大产业升级力度，瞄准航空发动机等新兴制造产业。刘勇被调往宗申航空发动机制造有限公司担任航空发动机零部件样件工程师。2017年6月，国产“太阳之鹰”自转旋翼机在河南成功实现载人飞行。而“太阳之鹰”挂载的正是宗申航空发动机制造有限公司C115型航空活塞发动机，国产飞行器用上了“中国心”。

刘勇一直专注于技术创新，进行技术改造，让设备装置的效率更高、成本更低。2018年，刘勇获得“全国五一劳动奖章”。

对话工匠

王　津

在北京故宫博物院的钟表馆里，藏有一些外邦传入我国的钟表。这些钟表大都来自西方，是当初各国使节来华觐见时的国礼，每一件都无比珍贵，观赏者无不赞叹纷纷。在这里，有一位气质温润的“男神”，在他的目光中，流转着这些钟表的前世今生。他就是故宫文物修复师——王津。

王津从 1977 年进入故宫钟表室学习维修，从事这项工作数十年，陆续修复了近 300 件钟表，修复总数占故宫钟表总数的 1/3，可以说是他赋予了旧钟表新生。清朝乾隆时期，故宫中有一个高 122 厘米的“铜镀金乐箱水法双马驮钟”，它在故宫一待就是两百多年，如今已机芯老化、部件缺损。王津决定修复它。

修复工作开始后，王津对它进行整体拆卸、清洗、除锈、锉削等，各种工序加起来达到上百道。这要求匠人极其细致，且必须遵循“对珍贵文物的干预要最小”的要求。这是一座制作精密的机械宫殿，凝结着前人的智慧，修复它仿佛是在进行一场跨时空的工匠交流，无声无息，自在心间。如今，“铜镀金乐箱水法双马驮钟”在王津的手中恢复了神韵。

扎扎实实工作，问心无愧做人。在漫长的从业生涯里，他耐得住寂寞，守得住平凡，默默无闻，却又乐在其中。在常人看来，这份工作最直观的感受就是枯燥平淡，要知道一件古钟表的修复，短则数月，长达一年，没于有对这份工作的挚爱，是无法坚持下去的。正是那份热爱与执着，王津才能悉心钻研，坚持不懈。2018 年，王津当选国家级非物质文化遗产代表性项目代表性传承人。

实践活动

“参观创客工坊”主题劳动教育活动	
活动内容	学生参观创客工坊，主动交流创意。
活动目标	1．引导学生爱创造、爱科学。 2．开发学生的创新能力，并且鼓励他们展示出来。 3．帮助学生了解创客工坊入驻条件、企业的运作情况及创业的真实情况，形成良好的创新创业意识。
活动安全	1．活动前进行广泛的安全教育。 2．了解相关的操作规程。 3．准备劳动安全防护用品。
活动准备	1．进行创客工坊体验动员。 2．确定参观要求。 3．与相关部门协调，安排现场指导教师。
活动过程	1．前往体验场地报到。 2．现场指导教师进行安全教育及体验安排。 3．现场指导教师对参观过程进行指导、监控。 4．参观体验结束，交流创意，现场指导教师总结并进行评价。
活动评价	自 我 评 价：　优秀□　良好□　合格□　不合格□ 组 长 评 价：　优秀□　良好□　合格□　不合格□ 活动方评价：　优秀□　良好□　合格□　不合格□

任务评价

任　　务	完成情况	体会与启发
1．了解广西众创示范基地		
2．致敬劳模		
3．对话工匠		
4．实践活动		

任务三　创新创业的方法

学习目标

1．认识常见的创新创业思维定式。

2．了解典型创新创业方法。

3．典型创新创业方法的举例与应用。

情境　*了解南宁高新区国家大学生科技创业基地*

南宁高新区大学生科技创业基地位于南宁高新区科技工业园总部基地，是响应国家科技部的号召，为扶持大学生科技创业项目而设立的科技企业服务机构，于 2010 年 7 月成立。10 年来，基地引导大学生以科技带动就业，以高新技术产品的研发、生产和服务及现代服务为主体，搭建创业孵化平台。同时，基地不断开拓创业方式，革新创业模式，如积极鼓励“高校教师+学生”或“创业导师+学生”的创业模式。基地平均每年可吸纳 15～20 家大学生创业团队。目前基地培育和发展的项目类型主要包括电子产品研发及应用、软件开发及应用、生物医药技术应用、文化及广告传播。2013 年，南宁高新区大学生科技创业基地获 2009—2011 年“南宁市优秀创业孵化基地”光荣称号。

学习探究

创新创业的方法

学习内容	思考与探究
思维定式，是指在解决问题的过程中作特定方式的加工准备。定式既可使个体在面对新的环境时，能运用已有的经验加速认识活动的进程，又可以使人的心理活动表现出惰性，使思维的灵活性和创造性受到限制。思维定式多种多样，每个人各不相同，常见的思维定式有经验型、权威型、书本型、从众型和模式型。	
经验型思维定式是指人们无意识地利用现有的经验和习惯性的思维方式进行思考。 权威型思维定式是指人们容易对权威言行自觉认同和盲从。 书本型思维定式是指认为书中的一切都是正确的，必须严格按照书中所说的去做，没有任何质疑。 从众型思维定式是指做事不经过个人思考，总是顺从多数人。 模式型思维定式，是指固守以往成功经验所总结固化的一套方式方法。	

创新创业的方法

学习内容	思考与探究
1．头脑风暴法 头脑风暴法是一种通过小型会议的组织形式，诱发集体智慧，相互启发灵感，最终产生创造性思维的预测方法。分为直接头脑风暴法（通常简称为头脑风暴法）和质疑头脑风暴法（也称反头脑风暴法）。前者指专家群体决策，产生尽可能多设想的方法；后者则是对前者提出的设想、方案逐一质疑，分析其现实可能性的方法。 2．奥斯本检核表法 奥斯本检核表法是由美国创意思维大师亚历克斯·奥斯本发明的，引导主体在创新过程中针对能否他用、能否借用、能否改变、能否扩大、能否缩小、能否代用、能否调整、能否颠倒、能否组合九个方面进行思考，从而启迪思维，开拓思维和想象空间，促进人们产生新想法、新方案的方法。 3．逆向思考法 逆向思考法也称反向思维，是指人们为达到一定目标，转换思维视角，用与通常考虑问题的方向相反的方法思考。 4．属性列举法 属性列举法是美国尼布拉斯加大学的克劳福德教授提出的，通过列举事物的所有属性，针对所列属性逐一思索改进的必要性和可能性，然后促使创新产生的方法。	

创新创业的方法

学习内容	思考与探究

5．形态分析法

形态分析法是由美籍瑞士科学家茨维基首创的方法。其主要是根据形态学来分析事物的方法，把研究对象或问题，分为若干基本组成部分，直至分解成不能再分的要素。然后对这些分解出来的要素重新进行排列组合，提供各种各样的方法，最后形成解决整个问题的总方案。

6．TRIZ 方法

TRIZ 的中文意思是发明问题的解决理论。TRIZ 是其拉丁文缩写。我国翻译为“萃智”。TRIZ 理论是科学家阿利克舒利通过分析研究世界上 250 万项先进发明专利总结出来的一套发明创新理论。他总结了企业产品开发计划的客观规律，并提出了一系列分析和解决问题的具体流程和方法，从而引导人们创造性地解决实际科研和生产中遇到的技术问题。因此，它不仅是一种理论，也是一种系统的创新方法论。

致敬劳模

李 云 鹤

就连李云鹤自己都没想到，壁画修复师这份工作，他一干就是一辈子。他以心为笔，默默守护在大漠深处的敦煌。几十年来，他笔耕不辍，修复的壁画达到了惊人的4000余平方米，修复塑像500余身。他的扎实工作取得了多项文物保护方面的成果。如今他已成为我国文物修复界的泰斗级人物，他在工作中勇于创新，他独创的“空间平移”和“整体揭取”等技术为敦煌文物保护做出了重大贡献。他所研究的“筛选壁画修复材料工艺”获全国科学大会成果奖，莫高窟161窟起甲壁画修复获国家文化部一等奖。

壁画修复工作异常枯燥，可李云鹤心如止水，内心平静，甘愿在这贫瘠的沙漠中默默耕耘，无私奉献。正是因为有李云鹤这种有匠心的文物守望者们，我们才能继续一睹敦煌壁画的风采。如今李云鹤已高龄，但先生一直奔跑在文物壁画修复第一线，他走访了全国11个省市，先后为国内26家文物单位进行一线修复和技术指导。这位高龄老人，直到“大国工匠”颁奖前一天，才从四川新津县观音寺5米多高的脚手架上撤下来。

退休后的李云鹤一直心系后人，继续发挥余热。他通过自己的言传身教继续影响和感染着新一代的文物修复工作者。通过他的心手相传，多位学生已经成为我国壁画和彩塑修复项目的传承人。文物的生命在他与学生的指尖继续延续，这就是敦煌的守望者——李云鹤。

郑　权

郑权，黄山职业技术学院2017级雕刻艺术设计专业的学生。他出生于具有浓厚徽雕艺术氛围的安徽宿州，从小就被雕刻深深吸引，痴迷于那种化腐朽为神奇的力量。

2017年9月，郑权进入黄山职业技术学院。入学不久，郑权就参与了校内建筑石雕项目集训队的初选赛。同年11月，通过校内选拔赛，他成功加入市集训队。随之而来的就是一年的封闭式集中训练。枯燥是集训的主旋律，一遍又一遍，直至百遍千遍。在机械重复中，雕刻的基本功不断夯实。一天下来，双手满是水泡，衣衫湿透。每天泡在9平方米的工作坊里，跟石头较劲，乐此不疲。正是这股韧劲，让郑权过关斩将，先后荣获市选拔赛、省选拔赛、国家选拔赛第一名。2018年6月，他成功进入国家集训队，成为热门的“种子”选手。

进入国家集训队后，更高强度的训练和更严苛的选拔接踵而来。7小时是集训队训练的常态化时间。他主动向集训教练申请，要求训练时间加长到12小时。通过大量的重复练习，郑权的雕刻技艺愈发精湛，自信心也得到提升。最终，在国家集训队的考核中脱颖而出，拔得头筹，代表中国出战第45届世界技能大赛建筑石雕项目的比赛。

在俄罗斯喀山赛场上，郑权以其精湛的雕刻技艺征服了在场评委，一举夺得金牌，实现了我国在该项目上金牌零的突破。

实践活动

“创业初体验”主题劳动教育活动	
活动内容	每人只带 10 元，在城市里生活一天，没有额外的资金，不依靠亲朋好友，完全靠自己的努力赚取生存金，自行解决吃、行问题。
活动目标	1．让学生感受创业的艰辛，培养吃苦耐劳的精神。 2．锻炼学生交流能力、忍耐能力及适应能力，明白美好生活来之不易，帮助他们形成良好的劳动意识。
活动安全	1．活动前进行广泛的安全教育。 2．必须在规定的城市和时间内进行。 3．随队有一名督导与一名组长负责学生安全。
活动准备	1．宣读活动规则。 2．确定“创业初体验”的地点。 3．与相关部门协调，安排现场指导教师。
活动过程	1．将参加活动的学生进行分组，每组 6~8 人。 2．学生按照活动规则进行创业体验。 3．每组督导对学生体验进行指导、监控。 4．体验结束，现场指导教师总结并进行评价。
活动评价	自 我 评 价：　优秀□　良好□　合格□　不合格□ 组 长 评 价：　优秀□　良好□　合格□　不合格□ 活动方评价：　优秀□　良好□　合格□　不合格□

任务评价

任　　务	完 成 情 况	体会与启发
1. 了解南宁高新区国家大学生科技创业基地		
2. 致敬劳模		
3. 对话工匠		
4. 实践活动		